财务总监教你
智慧阅读财务报表

张友刚◎编著

中国市场出版社
China Market Press

图书在版编目（CIP）数据

智慧阅读财务报表/张友刚编著. —北京：中国市场出版社，2015.6
ISBN 978-7-5092-1371-1

Ⅰ. ①智… Ⅱ. ①张… Ⅲ. ①会计报表-会计分析 Ⅳ. ①F231.5

中国版本图书馆 CIP 数据核字（2015）第 105338 号

智慧阅读财务报表

张友刚　编著

出版发行	中国市场出版社		
社　　址	北京月坛北小街 2 号院 3 号楼	邮政编码	100837
电　　话	编 辑 部 （010）68032104　　读者服务部 （010）68022950		
	发 行 部 （010）68021338　68020340　68053489		
	68024335　68033577　68033539		
	总 编 室 　（010）68020336		
	盗版举报 （010）68020336		
邮　　箱	474885818@qq.com		
经　　销	新华书店		
印　　刷	河北鑫宏源印刷包装有限责任公司		
规　　格	170 mm×240 mm　16 开本	版　　次	2015 年 6 月第 1 版
印　　张	15.25	印　　次	2015 年 6 月第 1 次印刷
字　　数	190 000	定　　价	39.00 元

PREFACE | 序一

欣喜地看到张友刚先生继出版了《实战派房地产税收操作实务》后，又一本新作——《智慧阅读财务报表》即将出版，我欣然为其再次写序。

财务是一个企业的命脉，反映企业财务状况的会计学是一门科学。目前我国处在大众创业、万众创新的时代，许多有志者都在创立企业，但是很多人对财务知识了解不够、关注不够，不会看财务报表，不会用财务报表，更不会从财务报表的分析中找出企业管理存在的问题而加以改进。

本书的可贵之处在于，张友刚先生用通俗、活泼的语言，辅以有趣的故事和案例阐释了会计学中的深奥道理，从如何看懂财务基本报表开始，到运用财务报表中蕴含的内在逻辑分析企业经营状态，揭示各种财务比率的基本含义，警示企业运营风险，以及如何适用这些财务报表改善公司治理等。为企业经营者、初始创业者，特别是非财务专业人士提供了一本很好的工具书，对一般专业财会人员亦有较好的学习和参考价值。

张友刚先生从事财务工作二十多年，现任某企业财务总监，具有丰富的实践经验。本书基于非财务专业人士的角度，以财务总监的专业视野与智慧，对财务报表进行另类解读，相信有助于报表使用者摆脱"看表恐惧"，轻松掌握财报关键点。

张杰三

2015 年 4 月 21 日

PREFACE | 序二

看懂财务报表是企业领袖的必备素养。以作者从事二十多年财务工作的经验来看，企业老总、职业投资人、政府工作人员以及一般非财务人员在短时间内要想读懂财务报表确实是一件非常困难的事情。

传统的介绍财务报表的图书涉及太多的会计专业术语，文字艰涩难懂，千篇一律的数字及表格枯燥无味，读者容易产生"审表疲劳"，甚至望而却步，提不起兴趣。其实，财务报表就是企业的语言，编制报表的目的就是揭示企业的运行状况，它本质上是为想了解企业信息的人服务的。从这一点可知，看财务报表也是有规律可循、有技巧可用的。

本书打破传统财务表述，站在非财务专业人士的角度，通过简洁通俗的语言、直观明了的图表，让读者在轻松愉悦中了解、掌握财务基本知识；从财务报表的本质入手，将财务报表项目加以简化，透视报表最核心的内容，让不熟悉会计的企业经理人、股票投资者、政府人员轻松抓住关键，了解财报数字的含义；会计师通过简单易懂的财报概念与老板交流，有利于双方沟通，发现问题之所在。

不论您的职业背景为何，请您以经理人和投资人的双重角度看待财务报表，唯有如此，才能正确地评估企业的投资价值与可能的风险。本书是一次尝试，旨在举重若轻地肢解会计的筋骨，引领读者通过财务数字的表象，看透数字背后的真相，并探寻蕴藏其中的财务智慧。

本书的目标：

■ 通过阅读本书，让没有任何财经专业背景的企业老总、职业经理人、政府人员迅速掌握会计基本知识，读懂财务报表，熟悉财务比率，掌握财务分析方法，在最短的时间内达到会计通。

■ 引导职业投资人透过财务报表分析上市公司财务状况，看透财务玄机，降低投资风险，提高投资报酬率。

■ 帮助银行信贷经理快速掌握目标企业真实的财务状况，避开财务陷阱，做出是否放贷决策，为银行寻找优质客户，创造效益，降低风险。

最后，限于时间和水平，书中不尽之处在所难免，恳请读者批评指正，衷心地希望本书能够助您掌握报表分析技巧，轻松看懂财务报表。

知己知彼， 百战不殆
——财务报表那些事儿

第一章　轻松看懂财务报表

了解企业财务结构最重要的利器：资产负债表　004

衡量企业经营绩效最重要的依据：利润表　004

评估企业能否持续存活及竞争的最核心工具：现金流量表　005

家底厚不厚， 看资产负债表

自己有的（权益资本）＋借来的（债务资本）＝资产负债表右边　006

目前拥有的一切（资产）＝资产负债表左边　006

细数家底有哪些　008

变现速度快的就叫流动资产　008

变现速度慢的就叫非流动资产　015

"负债项目"大家族　018

谁是老大，谁在公司说了算，看所有者权益　022

活学活用，致远公司资产负债表走一遭　023

账面赚了还是亏了，看利润表

期间报表 VS 时点报表　027

一分耕耘一分收获，净利润从哪里来　028

捡到篮子里的都是菜：主营业务收入与其他业务收入　029

有得就有失，有收就有支：主营业务成本与其他业务成本　029

逃不开的税费：营业税金及附加　030

销售费用：广告策划费以及为卖东西零七杂八花的钱　031

管理费用：有人管理就有人头钱　031

财务费用：借钱有利息，投资有损益　031

投资收益：市场有风险，投资需谨慎　032

营业外收支：搞点副业也创收　032

所得税费用：交完税才算净赚的　032

是不是真土豪，现金流量表说了算

钱包里是否有钱，钱变多了还是变少了，得看现金流　034

现金净流量决定你存活下来的概率　036

现金就是 RMB?　037

从企业运营层面解释现金流量表的投资、筹资、经营活动　037

拨开云雾见月明—— 三张财务报表的钩稽关系解读

为啥要搞清楚三张报表的关系　039

"藕断丝连"、"因果循环"的钩稽关系　040

加加减减都是亲戚　040

【案例】收入与现金流相差的 1 亿元去哪了　041

年报三大核心：肌肉、血液、骨骼　043

不要眉毛胡子一把抓　043

三张报表及其关系图　044

财务报表分析逻辑框架图　045

【趣读】用美学解释三大报表　046

第二章　亲密接触财务报表附注

企业的基本情况　050

不同的会计处理方法会得出不同的利润——会计政策变更要在
　附注中说明　052

公司的关联交易和重组事项要在附注中披露　053

财务报表主要项目注释　055

附注中其他重要事项的说明　056

【趣读】会计的两个祖师爷　060

工欲善其事，必先利其器
——重要财务指标分析

第三章　快速掌握重要财务比率分析

利器之财务管理效率指标分析

资产负债率　066

流动比率　069

速动比率　070

现金比率　071

利器之盈利能力指标分析

销售毛利率　073

销售净利润率　074

净资产收益率　075

资产报酬率　076

资本保值增值率　076

利器之资产管理效率指标分析

应收账款周转率　078

存货周转率　079

【More】反映房地产企业运营效率的结果指标:净存货周转率　080

流动资产周转率　081

固定资产周转率　081

总资产周转率　082

利器之现金管理效率指标分析

现金流量充足率　083

销售收入的现金含量比率　084

利器之估值指标分析

每股收益　086

每股股利　087

市盈率　088

每股净资产　089

市净率　090

利器之持续发展能力指标分析

销售收入增长率　092

营业利润增长率　092

净利润增长率　092

【案例】房地产企业运营效率分析　93

举一反三，融会贯通
——财务报表综合分析

第四章　收入分析

销售收入结构分析　103

销售收入对比分析　104

销售数量对比分析　104

销售单价对比分析　105

各产品对公司毛利的贡献比较分析　105

【案例】山东致远地产有限公司收入分析　106

第五章　成本分析

销售成本对比分析　112

销售成本率对比分析　112

单位成本对比分析　113

产品成本计算分析　114

成本比重分析　115

A 产品各项成本比重分析　115

【案例】山东致远地产有限公司七项成本分析　116

【案例】地产全成本与销售定价之间的关系　123

【More】房地产企业全成本控制分析　125

第六章　费用分析

管理费用每月发生额　132

管理费用各项目发生额　133

销售费用每月发生额　134

销售费用各项目发生额　135

【More】房地产企业全程财务控制三部曲:可预测、可控制、可分析　136

第七章　盈亏平衡分析

什么是盈亏平衡分析?　148

盈亏平衡分析的分类　149

盈亏平衡分析的基本模型　149

盈亏平衡分析的局限性　150

动态盈亏平衡分析的基本模型　150

某企业盈亏平衡点模型　152

第八章　杜邦财务分析体系

杜邦分析法和杜邦分析图

杜邦财务分析应用：房地产公司的盈利能力和成长性分析

关注收入和费用就是关注企业的经营管理效果　161

关注营运资本和资产管理就是关注公司的资产和投资管理　163

关注负债和权益就是关注公司的融资决策　165

关注股利支付就是关注公司的股利支付政策　165

说一尺不如行一寸
——财务报表分析应用

第九章 银行信贷经理如何识别虚假财务报表

识别虚假财务报表的重要性

编造虚假财务报表常用的手段
调整收入确认方式，使利润虚增 171
滥用会计估计调节利润 172
利用关联交易调节利润 172
利用资产重组或高估资产调节利润 174
利用利息资本化调节利润 174
利用股权投资调节利润 175

识别财务报表造假的基本方法
审计报告的审核 176
财务报表之间钩稽关系的审核 176
报表主要项目真假识别技巧 177
综合识别法 180

快速识别假报表：三眼看门道
第一眼：看两票 187
【More】银行信贷经理凭税票测算企业销售收入 188
第二眼：看两账 189
第三眼：看现场 190

融资尽职调查的十大要诀
看准一个团队 191

发掘两个优势 191

弄清三个模式 192

查看四个指标 192

厘清五个结构 193

考察六个层面 193

落实七个关注 194

分析八个数据 195

走好九个程序 197

报告十个内容 198

第十章 向巴菲特学习如何分析财务报表

巴菲特如何分析财务报表

如何分析利润表 205

净盈利比每股收益更重要 207

如何解释资产负债表 207

如何解释现金流量表 211

【More】一张图看懂上市公司年报 212

巴菲特的财务报表分析框架

第一步，持续竞争优势分析 217

第二步，财务报表数据质量分析 217

第三步，财务比率分析 218

第四步，盈利稳不稳：未来长期盈利能力稳定性分析 219

巴菲特财务报表分析几法

垂直分析：确定财务报表结构占比最大的重要项目 220

水平分析：分析财务报表年度变化最大的重要项目 221

趋势分析：分析财务报表长期变化最大的重要项目 221

比率分析：最常用也是最重要的财务分析方法　222

因素分析：分析最重要的驱动因素　222

综合分析：多项重要指标结合进行综合分析　223

对比分析：和最主要的竞争对手进行对比分析　223

前景分析：预测未来长期业绩是财务分析最终目标　224

感谢有你　225

01

知己知彼，百战不殆
——财务报表那些事儿

会计是一门科学

会计是医生，通过分析会计报表，找出病因，拿出解决方案，对症下药

会计是资金的平衡术，有借必有贷，借贷必相等

会计是流水账

会计是数字游戏

会计的热炉法则：制度面前人人平等

会计要做阳光下的事情

会计是哲学

会计需要智慧

会计做账：放眼未来，切勿因小失大

会计是保守的代名词

会计科目与人生一脉相承

第一章
轻松看懂财务报表

 本 章 导 航

三张报表看什么

看资产负债表从哪个地方入手

净利润是如何计算来的

现金流量表重要吗

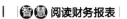

企业的年度财务报告中最基本的内容是三张报表：资产负债表、利润表和现金流量表。

了解企业财务结构最重要的利器：资产负债表

资产负债表描述的是在某一特定时点，企业的资产、负债及所有者权益的关系。简单地说，资产负债表建立在这一恒等式关系的基础上：资产＝负债＋所有者权益。这个恒等式关系要求企业同时掌握资金的来源与资金的用途。资金的来源包含负债和所有者权益。负债是债务资本，也就是公司借来的钱；所有者权益是权益资本，是股东自己的钱。资金的用途就是如何把资金分配在各种资产上。资产负债表是了解企业财务结构最重要的利器。

衡量企业经营绩效最重要的依据：利润表

利润表解释企业在某段期间内股东权益如何因各种经济活动的影响而发生变化。简单地说，净利润等于收入扣除各项成本、费用和企业所得税。利润表是衡量企业经营绩效最重要的依据。

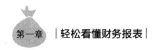

评估企业能否持续存活及竞争的最核心工具： 现金流量表

现金流量表解释某特定期间内，企业的现金如何因经营活动、投资活动及筹资活动发生变化。现金流量表可以弥补利润表在衡量企业绩效时面临的盲点，以另一个角度检视企业的经营成果。现金流量表是评估企业能否持续存活及竞争的最核心工具。

本书以制造业代表山东致远电子有限公司为例对其财务状况采取立体分析（两个年度数据比较），以房地产业代表山东致远地产有限公司为例对其财务状况采取平面分析（分析本年度）。为方便起见，上述两家公司三大主要报表采取基本相同的数据，但产品及成本项目有所不同。

家底厚不厚，看资产负债表

自己有的（权益资本）＋借来的（债务资本）＝资产负债表右边

在读这张报表时，最重要的一个"钩稽关系"就是资产等于负债加上权益。如何理解呢，最通俗的解释就是，我现在拥有的一切，不外乎来源于两个方面，一个本来就是自己的，另一个是借来的；自己有的，再加上借来的，当然就是我现在拥有的一切（专业术语是拥有和控制的资源）。自己有的，就是股东即老板自己投入的资金，叫做权益资本。借来的资金就是公司向外单位借来的资金，叫做债务资本。这就是资产负债表右边的两项内容。表 1-1 为山东致远电子有限公司的资产负债表。

目前拥有的一切（资产）＝资产负债表左边

有了资金干什么呢？这就涉及资产负债表的左边了：是以现金形式存在还是买了原材料，是购置了固定资产还是买了土地，有没有对外投资，等等。

在会计上，目前我拥有的一切就叫资产，而借来的钱就是负债，自己的就叫权益。这就是资产负债表最重要的内部"钩稽关系"。资产负债表

表 1-1

资产负债表

编制单位：山东致远电子有限公司　　　　　2014 年 12 月 31 日　　　　　　单位：元

资产	行次	年初数	期末数	负债及所有者权益	行次	年初数	期末数
流动资产				流动负债			
货币资金	1	18 000 000.00	21 000 000.00	短期借款	20	10 000 000.00	10 000 000.00
交易性金融资产		0	0	应付账款	21	18 000 000.00	21 000 000.00
应收账款	2	16 000 000.00	20 000 000.00	预收账款	22	10 000 000.00	11 100 000.00
预付账款	3	11 500 000.00	11 600 000.00	其他应付款	23	3 000 000.00	5 000 000.00
其他应收款	4	3 900 000.00	5 200 000.00	应付职工薪酬	24	200 000.00	100 000.00
存货	5	21 900 000.00	21 800 000.00	应交税费	25	1 200 000.00	1 700 000.00
流动资产合计	7	71 300 000.00	79 600 000.00	流动负债合计	26	42 400 000.00	48 900 000.00
非流动资产				非流动负债			
持有至到期投资				长期借款	28	10 000 000.00	10 000 000.00
长期股权投资	8	6 000 000.00	6 000 000.00	应付债券			
投资性房地产				长期应付款			
固定资产原价	12	10 500 000.00	11 000 000.00	预计负债			
减：累计折旧	13	1 300 000.00	1 400 000.00	非流动负债合计	29	10 000 000.00	10 000 000.00
固定资产净值	14	9 200 000.00	9 600 000.00	负债合计	30	52 400 000.00	58 900 000.00
在建工程				所有者权益			
无形资产		4 000 000.00	4 000 000.00	实收资本	31	30 000 000.00	30 000 000.00
长期待摊费用	15			资本公积	32		
递延所得税资产				盈余公积	33	1 500 000.00	1 500 000.00
其他非流动资产	16			未分配利润	34	6 600 000.00	8 800 000.00
非流动资产合计		19 200 000.00	19 600 000.00	所有者权益合计	37	38 100 000.00	40 300 000.00
资产总计	19	90 500 000.00	99 200 000.00	负债及所有者权益总计	38	90 500 000.00	99 200 000.00

审核：王继美　　　　　　　　　　　　　　　　　　　　　　　　　　　　　制表：张致远

是一张时点报表，也就是说，在某一个时点上，企业的资产负债状况如何。过了这个时点，企业的资产负债情况会发生变化，所以，拿到这张表的第一反应就是，看一看是什么时点的报表，这一点很重要。

细数家底有哪些

我们看一看资产负债表的左边，即资产类，所有的资产按照流动性的快慢，也就是变现为现金的速度的快慢依上而下排列。可以看到，资产被分为流动资产、固定资产及无形资产等小类别，并分别有小计，这些反映了一个公司资产的分布形态，也就是说，公司的资产以什么形态存在的，是以流动资产形式存在，还是以固定资产或无形资产形式存在的。资产以什么形式存在反映了资金的运用方向。再进一步看，如在流动资产中，这些流动资产分别是以何种形式存在的，是将钱全部放在银行里，还是一部分以存货的形式放在仓库里，一部分以应收款的形式存在，还没有收回。将各类资产从总体到明细层层分解来看，以确定这些资产的存在形式。同时可以将近几年的同类资产的金额进行比较，看看有什么变化或趋势，结合企业的行业特点、产品特点和企业规模等进行分析，可以找出你想要的信息。需要强调的是，在流动资产中，应重点关注这五个项目：货币资金、其他应收款、预付账款、应收账款和存货。

变现速度快的就叫流动资产

① 有太多的现金是好事吗？

货币资金是公司流动性最强的一个科目，主要包含银行存款和现金。货币资金少了，也就是账面资金少了，会影响公司经营，当公司需要资金的时

候就需要对外借款。一般情况下，现金比率（货币资金/流动负债）为20%
左右比较好，这样既不影响公司正常运转，又不影响短期偿债能力。但是账面
资金太多也不是好事，这部分钱存到银行，虽然风险小，但是收益差，没有用
到公司主业经营上或者做其他投资，创造不了价值，丧失了机会收益，产生机
会成本。因此企业账面存有太多的现金是消极的，作者称之为消极资产。

② "会计科目"界的大染缸：其他应收款

这个会计科目是"科目"界的"大染缸"，说它最垃圾也不为过。因
为它最突出的特征是"肚量大"，什么都往里塞，核算的内容其实也最这
有可能不是其他应收的款项，而是隐藏的收入或费用。甚至于存在用于调
节利润、无偿让渡资金使用权的嫌疑事项。

本科目主要核算公司内部个人借款、存出保证金、合作单位往来等。
其他应收款主要包括：

（1）应收的各种赔款、罚款。如因企业财产等遭受意外损失而应向有
关保险公司收取的赔款等；

（2）应收出租包装物租金；

（3）应向职工收取的各种垫付款项，如职工出差借款、为职工垫付的
五险一金费、应由职工负担的医药费、房租费等；

（4）存出保证金，如租入包装物支付的押金；

（5）其他各种应收、暂付款项。

其他应收款的金额一般情况下不大，如果这个科目过大，可能存在关
联方企业拆借资金，涉及无偿占用关联公司资金等潜在税收风险。

③ 暂存人家那的钱：预付账款

预付账款这个科目应该说是"最冤"的一个会计科目，购货不但不能赊

销，还必须提前付款，现款提货都不一定得到供货商的同意，预先支付款项等着排队吧，拿着现钱还买不到东西，预付账款是不是最"怂"、最"窝囊"？

预付账款指买卖双方协议商定，由购货方预先支付一部分货款给供货方而发生的一项债权。

预付账款一般包括预付的货款、预付的购货定金等。施工企业的预付账款主要包括预付工程款、预付备料款等。预付账款是公司债权的重要组成部分。

作为流动资产，预付账款不是用货币抵偿的，而是要求企业在短期内以某种商品、提供劳务或服务来抵偿。预付账款属于会计要素中的资产，通俗点就是你暂存人家那的钱，在没有买人家东西之前，这钱还是你的，所有权还是归你，所以预付账款是一项资产。

④ 两鸟在林，不如一鸟在手

按照通俗的说法，应收账款就是东西卖出去了，我们还没有收到客户的钱。对这个项目的关注主要是出于现金流入风险的考虑，俗话说得好，两鸟在林，不如一鸟在手，到手的钱，才是自己的。因此，应收账款金额越大，风险越大。当然，这个要与销售收入相比较才可以说明问题，绝对数大不能真正说明问题。

应收账款是企业破产的导火索，企业卖出产品，不能及时收回货款，现金就会出现断流，一家企业短期内可以没有利润，但是不能断了现金流，现金流一断，企业离破产就不远了。

应收账款是企业在正常的经营过程中因销售商品、提供劳务等业务，应向购买单位收取的款项，包括销售商品、提供劳务的价款应由购买单位或接受劳务单位负担的税金、代购买方垫付的各种运杂费等。

应收账款是伴随企业销售行为的发生而形成的一项债权。因此，应收账款的确认与收入的确认密切相关。通常在确认收入的同时，确认应收账款。该账户按不同的购货单位设置明细账户进行明细核算。

应收账款表示企业在销售过程中被购买单位所占用的资金。企业应及时收回应收账款以弥补企业在生产经营过程中的各种耗费，保证企业持续经营。对于被拖欠的应收账款应采取措施，组织催收。对于确实无法收回的应收账款，凡符合坏账条件的，应在取得有关证明并按规定程序报批后，作坏账损失处理。

⑤ 关注应收账款，一看金额大小，二看时间长短，三看是谁欠的

关注应收账款，首先要看应收账款金额的大小，金额大小同企业的性质也有关系，如批发企业一般是以赊销的方式进行销售的，因此，应收账款项目金额可能就比零售企业的要大，因为零售企业主要是以现金收款方式进行销售的。其次要看应收账款的时间长短，也就是这个钱已有多长时间没有收回了，拖的时间越长，客户不偿还的可能性就越大。最后要看是谁欠的钱，看一看欠钱的这家公司还钱的能力有多强，资金是不是充足，分析一下这家公司的销售能力、产品盈利能力及现金流量等。

⑥ 持有存货是为了啥

按照通俗的说法，存货就是放在仓库里的，用作生产的原材料，或者用于销售的半成品、产成品。这个项目的金额反映有多少资金被压在仓库

中。我们常说的减少资金的占用、加速资金的周转，主要的就是要减少这个项目的金额。存货项目金额越少，说明企业在这个环节积压的资金就越少，资金周转就可能越快。

存货是企业在日常经营活动中持有以备出售的产成品或商品，以及处在生产过程中的在产品、在生产过程中耗用的材料等。存货区别于固定资产等非流动资产的特征是，企业持有存货的最终目的是出售，有的是直接销售，如企业的产成品、商品；有的需要经过进一步加工才能出售，如原材料等。

❼ "存货"家族成员都有谁

企业的存货通常包括以下内容：

原材料，指企业在生产过程中经加工改变其形态或性质并构成产品主要实体的各种原料及主要材料、辅助材料、外购半成品、修理用备件、包装材料、燃料等。为建造固定资产等各项工程而储备的各种材料，虽然同属于材料，但是由于用于建造固定资产等各项工程，不符合存货的定义，因此不能作为企业存货。

在产品，指企业正在制造、尚未完工的产品，包括正在各个生产工序加工的产品，以及已加工完毕但尚未检验或已检验但尚未办理入库手续的产品。

制造企业一般设置直接材料、燃料和动力、直接人工和制造费用等成本项目。

直接材料，是指构成产品实体的原材料以及有助于产品形成的主要材料和辅助材料。

燃料和动力，是指直接用于产品生产的燃料和动力。

直接人工，是指直接从事产品生产的工人的职工薪酬。

制造费用，是指企业为生产产品和提供劳务而发生的各项间接费用，包括企业生产部门（如生产车间）发生的水电费、固定资产折旧、无形资产摊销、管理人员的职工薪酬、劳动保护费、国家规定的有关环保费用、季节性和修理期间的停工损失等。

半成品，指经过一定生产过程并已检验合格交付半成品仓库保管，但尚未制造完工成为产成品，仍需进一步加工的中间产品。

产成品，指工业企业已经完成全部生产过程并验收入库，可以按照合同规定的条件送交订货单位，或者可以作为商品对外销售的产品。企业接受外来原材料加工制造的代制品和为外单位加工修理的代修品，制造和修理完成验收入库后应视同企业的产成品。

商品，指商品流通企业外购或委托加工完成验收入库用于销售的各种商品。

周转材料，指企业能够多次使用、但不符合固定资产定义的材料，如为了包装本企业商品而储备的各种包装物，各种工具、管理用具、玻璃器皿、劳动保护用品以及在经营过程中周转使用的容器等低值易耗品和建造承包商的钢模板、木模板、脚手架等其他周转材料。但是，周转材料符合固定资产定义的，应当作为固定资产处理。

⑧ 房地产企业购买的土地放在"存货"里合适吗？

房地产企业购买的土地应该放在"存货"这个科目，因为土地是房地产企业的原材料，而对于工业企业来讲，购买的土地应该放在"无形资产"这个科目。

⑨ 房地产企业存货分哪几类

房地产企业的存货主要包含如下内容：

（1）原材料类存货，如土地。

（2）设备类存货，企业购入的用于房地产开发经营的各种设备，如电气设备、卫生设备、通风设备等。

（3）在产品类存货，即开发成本。

房地产企业开发成本一般设置土地征用及拆迁补偿费、前期工程费、建筑安装工程费、基础设施建设费、公共配套设施费、开发间接费、借款费用等成本项目。

土地征用及拆迁补偿费，指为取得土地开发使用权而发生的各项费用，包括土地买价或出让金、大市政配套费、契税、耕地占用税、土地使用费、土地闲置费、农作物补偿费、危房补偿费、土地变更用途和超面积补交的地价及相关税费、拆迁补偿费用、安置及动迁费用、回迁房建造费用等。

前期工程费，指项目开发前期发生的政府许可规费、招标代理费、临时设施费以及水文地质勘察、测绘、规划、设计、可行性研究、咨询论证费、筹建、场地通平等前期费用。

建筑安装工程费，指开发项目开发过程中发生的各项主体建筑的建筑工程费、安装工程费及精装修费等。

基础设施建设费，指开发项目在开发过程中发生的道路、供水、供电、供气、供暖、排污、排洪、消防、通讯、照明、有线电视、宽带网络、智能

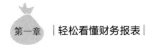

化等社区管网工程费和环境卫生、园林绿化等园林、景观环境工程费用等。

公共配套设施费，指开发项目内发生的、独立的、非营利性的且产权属于全体业主的，或无偿赠与地方政府、政府公共事业单位的公共配套设施费用等。

开发间接费，指企业为直接组织和管理开发项目所发生的，且不能将其直接归属于成本核算对象的工程监理费、造价审核费、结算审核费、工程保险费等。为业主代扣代缴的公共维修基金等不得计入产品成本。

借款费用，指符合资本化条件的借款费用。

（4）产成品类存货，指各种已完成开发建设全过程并已验收合格，可以按合同规定交付使用或对外销售的各种开发产品，包括已开发完成的土地、房屋、配套设施、代建工程等。

（5）开发用品类存货，指企业在进行房地产开发经营活动中所必需的各种用品，包括低值易耗品、物料用品等。

上面分析的是流动资产，下面介绍非流动资产，非流动资产主要包括长期股权投资、投资性房地产、固定资产、在建工程和无形资产。

变现速度慢的就叫非流动资产

① 说说与长期股权投资相关的几个基础性概念

长期股权投资是指通过投资取得被投资单位的股份。企业对其他单位进行股权投资，目的是通过股权投资控制被投资单位，或对被投资单位施加重大影响，或与被投资单位建立密切关系，以分散经营风险。

首先，要搞清楚与长期股权投资相关的几个基础性概念，因为这些概念会涉及长期股权投资的初始投资成本的确定和后续计量、核算方法的选择。

控制（企业合并）：一般是看持股比例，通常情况下持股比例大于50％的，我们就可以认为形成了控制；当然在判断时应该遵循实质重于形式的原则。

同一控制下的企业合并、非同一控制下的企业合并：这两个概念是建立在控制或者说企业合并基础上的，企业合并从参与合并双方的关系角度来划分。如果A与B在合并业务发生之前受同一方或者相同多方最终控制，并且该控制并非暂时性的，那么A、B之间的合并业务就属于同一控制下的企业合并；反之属于非同一控制下的企业合并。

共同控制：按照合同约定对某项经济活动共有的控制。合营企业的特点是，合营各方均受到合营合同的限制和约束。

重大影响：对一家企业的财务和经营政策有参与决策的权力，但并不能够控制或者与其他方一起共同控制这些政策的制定。实务中，较为常见的重大影响体现为在被投资单位的董事会或类似权力机构中派有代表，通过在被投资单位生产经营决策制定过程中的发言权实施重大影响。

❷ 虽"改名换姓"仍"一脉相承"的投资性房地产

投资性房地产本是固定资产、无形资产和开发产品这个大家族中的一员，和在建工程也是近亲。但由于它由自用或待售转行，转为出租了。因此，改了名、换了姓。不过血缘还是一脉相承的，其入账成本的确认与上述资产完全相同，只是投资性房地产在后续计量上有时会标新立异采用公允价值，将忠实的"原配"——历史成本抛在脑后。

投资性房地产指为赚取租金或资本增值，或两者兼有而持有的房地产。投资性房地产应当能够单独计量和出售。

投资性房地产主要包括：已出租的土地使用权、持有并准备增值后转让的土地使用权和已出租的建筑物。

③ 自用房地产是投资性房地产吗？

不属于投资性房地产的有：（1）自用房地产，即为生产商品、提供劳务或者经营管理而持有的房地产；（2）作为存货的房地产。

投资性房地产以租金收入或转让增值收益确认为企业的主营业务收入。对于大部分企业而言，投资性房地产是与经营性活动相关的其他经营活动。

④ 固定资产有啥特征

固定资产是指同时具有下列特征的有形资产：

（1）为生产商品、提供劳务、出租或经营管理而持有；

（2）使用寿命超过一个会计年度。使用寿命，是指企业使用固定资产的预计期间，或者该固定资产所能生产产品或提供劳务的数量。

⑤ "自营"和"出包"的在建工程

在建工程，指企业固定资产的新建、改建、扩建，或技术改造、设备更新和大修理工程等尚未完工的工程支出。在建工程通常有"自营"和"出包"两种方式。自营在建工程指企业自行购买工程用料、自行施工并进行管理的工程；出包在建工程指企业通过签订合同，由其他工程队或单位承包建造的工程。

⑥ 无形资产的可辨认性标准有哪些

无形资产，是指企业拥有或者控制的没有实物形态的可辨认非货币性资产。

无形资产主要包括专利权、非专利技术、商标权、著作权、土地使用权、特许权等。资产满足下列条件之一的，符合无形资产定义中的可辨认性标准：

（1）能够从企业中分离或者划分出来，并能单独或者与相关合同、资产或负债一起，用于出售、转移、授予许可、租赁或者交换。

（2）源自合同性权利或其他法定权利，无论这些权利是否可以从企业或其他权利和义务中转移或者分离。

资产负债表的右边有两项内容，即负债和所有者权益。

"负债项目" 大家族

资产负债表中的负债项目是按照需支付的时间的长短排列的。负债中需要引起关注的项目有：（1）短期借款，（2）长期借款，（3）应付账款，（4）预收账款，（5）其他应付款，（6）应交税费。

① 借款有长短

短期借款是借款的一种，与之相对的是长期借款。在会计实务中，短期借款是指企业为维持正常的生产经营所需的资金或为抵偿某项债务而向银行或其他金融机构等外单位借入的、还款期限在1年以下（含1年）的各种借款。还款期限超过一年则为**长期借款**。在短期借款及长期借款项目中，需要关注：一是借款的金额有多大，二是借款期间有多长，三是向谁借的款，四是借款的利息是多少，这些在财务报表及报表附注里都会有说明。

② 应付账款越少越好吗？

应付账款是指企业因购买材料、商品或接受劳务供应等应支付给供应者的账款。应付账款是由于在购销活动中买卖双方取得物资与支付货款在时间上的不一致而产生的负债。企业的其他应付账款，如应付赔偿款、应付租金、存入保证金等，不属于应付账款的核算内容。

应付账款反映有多少钱应该付而还没有付给供应商，在关注这个项目时，一看金额大小，二看欠了谁的，三看欠人家多长时间了，这个项目反映的是本企业运用其他企业的资金的多少。值得注意的是，应付账款并不是越少越好，少的话表明公司未能充分利用商业信用来获取成本较低的融资，也就是说，你信用好，供货商可以赊销给你，你信用差，供货商就会让你现款提货。因此这个无息负债是信用换来的。应付账款一般不需要支付利息，企业不用白不用。利用客户的资金用于本公司的资金周转是成本最低的一种融资办法。

③ 最美丽的会计科目：预收账款

预收账款是最美丽的会计科目。人人都喜欢她，她是现代版的"白富美"。她不需要用钱去偿还，只需按时发出产品，之后，就转为营业收入。可以说她是营业收入的前世今生。人人喜欢她的原因是，货还没发出去，钱就进来了，而且还是急不可耐地将钱打进来，生怕晚了货就没了。表面上看起来她属于有点讨人嫌的负债，其实她属于未来的收入，不用偿还。

预收账款科目核算企业按照合同规定或交易双方的约定，向购买单位或接受劳务的单位在未发出商品或提供劳务时预收的款项，一般包括预收的货款、预收的购货定金等。企业在收到这笔钱时，商品或劳务的销售合同尚未履行，因而不能作为收入入账，只能确认为一项负债，即贷记"预收账款"账户。企业按合同规定提供商品或劳务后，再根据合同的履行情况，逐期将未实现收入转成已实现收入，即借记"预收账款"账户，贷记有关收入账户。预收账款的期限一般不超过 1 年，通常应作为一项流动负债反映在各期末的资产负债表上。

④ "预收"、"应收"别搞混

在预收款项业务不多的企业可以将预收的款项直接记入"应收账款"账户的贷方，不单独设置本科目，在使用本科目时，要注意与"应收账款"科目的关系。预收账款与应收账款的共同点是：两者都是企业因销售商品、产品、提供劳务等，应向购货单位或接受劳务单位收取的款项。不同之处在于预收账款是收款在先，出货或提供劳务在后，而应收账款是出货或提供劳务在先，收款在后；预收账款是负债性质，应收账款是债权类资产性质。

⑤ 最"默默无闻"的会计科目：其他应付款

其他应付款是最"默默无闻"的会计科目，不要轻视他。虽然这个会计科目有些混杂，金额也不大，但是他默默无闻，乖乖地躲在角落里，不抛头露面，一般不需要支付利息，甚至过两年付不出去了还能捡个便宜。他就是一个"活雷锋"。

其他应付款科目核算企业应付、暂收其他单位或个人的款项，如应付租入固定资产和包装物的租金，存入保证金，应付、暂收所属单位、个人的款项，管辖区内业主和物业管户装修存入保证金，应付职工统筹退休金，以及暂付上级单位、所属单位的款项。而企业经常发生的应付供应单位的货款，则在"应付账款"和"应付票据"科目中核算。

⑥ 应交税费：想说爱你不容易

应交税费这个会计科目是与企业相伴终生的。企业从一开张就开始缴纳税金直至经营终止。即使破产了，税收也会陪伴到清算结束。它核算企业发生的纳税金额，反映企业缴纳税金的多少和欠税余额。当然，并不是全部的税种都在这个科目核算，例如耕地占用税、契税、印花税和车辆购置税就不通过"应交税费"科目核算。

应交税费也是最令财务人员"讨厌"的会计科目，每年不止一次的税收大检查，查的就是这个科目。当然，无论是企业还是个人，缴纳的税金越多，对社会的贡献也就越大，这是企业公民和社会公民的责任！"应交税费"，想说爱你不容易！

应交税费是指企业按照国家规定履行纳税义务，对其经营所得依法缴纳的各种税费。这些应交税费按照权责发生制原则进行确认、计提，在尚未缴纳之前暂时留在企业，形成一项负债（应该上缴国家而暂未上缴国家的税费）。企业通过"应交税费"科目，总括反映各种税费的缴纳情况，并按照应交税费项目进行明细核算。

谁是老大，谁在公司说了算，看所有者权益

① 实收资本决定谁是老大

在权益方面，有几个需要重点关注的项目，其中一个就是实收资本。这个项目反映的是公司所有者、投资人或股东在公司刚开业的时候，投入公司的钱。在关注实收资本时，要搞清楚主要的投资人或股东都有谁，都投了多少钱，占总投资额的比例有多大，为什么要关注这个呢，主要是看一看，谁是老大，谁在公司说了算。因为，出的钱越多，在股东会上说话就越算数。

② 资本公积和未分配利润是股东共有的钱

另外需要关注的项目是资本公积和未分配利润。所谓资本公积，简单地说，这些钱虽然确定是股东的，但没有明确说明具体哪个股东应该分多少，可以把它看作还没有最后分配到股东自己账上的共有的钱。这个项目的形成有如下几个原因：一是股票或资本溢价。简单来说，就是在公司成立后，后来加入的股东要比公司成立时的股东投入的资本多，这样新股东才可以得到与在公司成立时的股东一样的持股比例，为什么呢？因为人家比你先投入，比你多承担了资金的风险，你的资金不用承担前期的风险，如果要得到与以前股东相同的持股比例，就要多付出一部分钱，后来的股东多付的那部分钱，就是股票或资本溢价，计入资本公积。资本公积的另外一个重要来源就是，公司以外的人捐赠给公司的财产，对方捐赠的对象是公司，而不是某一个股东，因此，这些财产为全部股东所有，作为资本公积。未分配利润就比较简单了，即公司从开业到出资产负债表这一时刻，公司所拥有的利润或负担的亏损，也就是公司余下的、还没有分配给股东的利润。

③ 盈余公积是扩大再生产和弥补亏损的超级替补

盈余公积是指企业按照《公司法》规定从税后利润中提取的积累资金。盈余公积分为法定盈余公积和任意盈余公积。公司分配当年税后利润时，应当提取净利润的 10％ 列入公司法定盈余公积。公司法定盈余公积累计额为公司注册资本的 50％ 以上时，可以不再提取。

法定盈余公积的用途包括扩大再生产、弥补亏损、转增资本。因此可以说，盈余公积是企业扩大再生产和弥补亏损的超级替补。

活学活用，致远公司资产负债表走一遭

① 资产部分

流动资产

通常是指一年内能转换成现金的资产。按照惯例，流动性越高的资产在资产负债表的资产项目中排在越前面。

货币资金

财务报表中所指的现金与一般认知的现金不同，具备高度流动性及安全性的资产就能列为货币资金。

应收账款

包括致远公司与供货商往来的应收账款。2014 年 12 月 31 日，致远公司的应收账款为 2 000 万元，占总资产的 20％ 左右。

在应收账款科目下，一般公司通常还会列出所谓的"坏账准备"科目。坏账准备是用来抵消应收账款等应收项目的金额的。坏账准备的功能是反映资产无法回收现金而成为坏账的风险程度。例如，公司在编制财务报表时，有应收账款共计2 000万元，评估往来厂商的财务情况后，认为可能约有10万元无法收回，因此坏账准备认列10万元，公司应收账款的净额则为1 990万元。致远公司资产负债表中的应收账款是以应收账款的余额减去相应的坏账准备后的净额列示的。

存　货

指致远公司准备用来销售的库存商品和储存的原料，是其流动资产中重要性最大的项目。致远公司2014年的存货金额高达约2 180万元，占总资产的22%左右。

非流动资产

土地、厂房、设备包括取得土地、厂房与设备的成本，以及使这些资产达到预定可使用状态必须支付的代价（如运输费、装卸费等）。它们又称为长期资产或固定资产，因其流动性较低，一般需要一年以上的时间才容易出售，因此被归之为"非流动资产"。致远公司拥有的土地、房屋、家具、办公设备及运输工具等都属于这类资产。

此外，为了表达长期资产账面价值的改变，会计学使用"累计折旧"科目来处理。关于资产价值的消耗，有系统地分摊到每一个会计期间，以方便计算损益，这就是折旧的概念。例如，公司买进机器设备后，营业使用会耗损机器设备的价值，因此每年提列折旧费用，以核算企业的营业成本，同时把每年的折旧费用累加起来，列为机器设备账面价值的减损。因此，在资产负债表中，累计折旧是资产的减项，称为"抵消账户"。2014年12月31日，

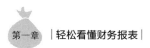

致远公司厂房与设备的账面金额为 1 100 万元，累计折旧金额为 140 万元，厂房与设备等固定资产的净额为 960 万元，占总资产的 9.68％。

值得注意的是，土地不提列折旧，归类为非折旧资产。

② 负债部分

依照会计惯例，致远公司将负债按照必须偿还的时间长短排列，越快需要偿还的项目排在负债项目越上面。

流动负债

指致远公司一年内到期、必须以现金偿还的债务。2013 年 12 月 31 日，致远公司的总流动负债为 4 890 万元，占总资产的 50％左右。

短期借款

指致远公司一年以内的借款。2013 年 12 月 31 日，致远公司的短期借款为 1 000 万元，占总资产的 10％左右。

应付账款

致远公司从供货商进货主要采取赊购的方式，其所积欠尚未偿还的金额便称为应付账款。2013 年 12 月 31 日，致远公司的应付账款高达 2 100 万元，占总资产的 21％左右，是致远公司最大的负债项目。

预收账款

2014 年 12 月 31 日，致远公司的预收账款为 1 110 万元，占总资产的 11％左右，是致远公司销售产品预收的购货单位的款项。

长期负债

指一年以上到期的债务。在致远公司的资产负债表中，长期应付票据、长期借款等一般长期负债科目加总起来放在这个综合科目中。2013
年 12 月 31 日，致远公司的长期负债为 1 000 万元元，占总资产的 10%
左右。

❸ 所有者权益部分

致远公司的所有者权益（即股东权益）主要分为实收资本、资本公积
以及未分配利润三部分。

实收资本（股本）

实收资本是指投资人投入公司的资本或已流通在外的普通股股权的账
面价值。企业通过发行股票的方式筹集资本，股票的面值与股份总数的乘
积即为股本，实收资本（股本）应当等于企业的注册资本。

盈余公积

盈余公积是指企业按照规定从税后利润中提取的积累资金。2014 年
12 月 31 日，致远公司盈余公积余额为 150 万元。

未分配利润

未分配利润是公司尚未分配给投资人的实现的累计利润。

扼要地解释致远公司资产负债表的会计科目后，我们利用它 2013 年
12 月 31 日的数据，简单地确认会计恒等式的成立：

资产（9 920 万元）＝负债（5 890 万元）＋股东权益（4 030 万元）

就致远公司的基本财务结构而言，负债占总资产的 60% 左右，而股东
权益则占 40% 左右。

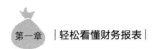

账面赚了还是亏了，看利润表

表 1-2   利润表

编制单位：山东致远电子有限公司   2014 年 12 月   单位：元

项 目	行次	本月数	本年累计数
一、营业收入	1	8 800 000	90 000 000
减：营业成本	2	6 800 000	73 500 000
二、毛利	3	2 000 000	16 500 000
销售费用	4	350 000	3 000 000
管理费用	5	250 000	4 000 000
财务费用	6	100 000	1 000 000
三、营业利润	7	1 300 000	8 500 000
加：营业外收入	8		
减：营业外支出	9		
四、利润总额	10	1 300 000	8 500 000
减：所得税费用	11	325 000	2 125 000
五、净利润	12	975 000	6 375 000

审核：王继美   制表：张致远

期间报表 VS 时点报表

与资产负债表是时点报表相对应，利润表是期间报表，也就是说，在多长一段时期之内，产生了多少利润或亏损。时期长短不一样，利润或亏损是不一样的，所以，拿到利润表的第一反应，就是看看这张表说的是哪段时期的利润。

从利润表的结构来看，表的项目分为五个层次，从上到下分别是营业收入、毛利、营业利润、利润总额及净利润。从上向下可以看出，从计算营业收入到得出净利润这个过程就是净利润产生的过程。

利润表的最后一项是净利润，注意，这里特别强调一下，是净利润，而不是未分配利润，有太多的人把利润表的最后一项当作是未分配利润。未分配利润是利润分配表的最后一项，是利润分配表要说明的问题，而利润表只是说明净利润是如何来的。

一分耕耘一分收获，净利润从哪里来

净利润是个什么概念？它是如何得来的呢？简单地讲，净利润就是交了所得税之后，企业最后得到的钱，因此，向上看我们可以看到，营业收入减去营业成本即可得到公司的毛利。若公司还经营其他业务则还有其他业务利润，为让广大读者尽快熟悉利润表，在此暂不考虑其他业务利润及投资收益、营业外收支等。利润总额分为两个部分，一部分以所得税的形式交给国家，余下的部分留给企业，即净利润。

说明：为方便读者快速熟悉利润表，这里采用了简化的利润表。下面分项说明。

捡到篮子里的都是菜： 主营业务收入与其他业务收入

营业收入是指企业在从事销售商品、提供劳务和让渡资产使用权等日常经营业务过程中所形成的经济利益的总流入。营业收入分为主营业务收入和其他业务收入。

主营业务收入是指企业经常发生的主要业务所产生的收入。如制造业销售产品、半成品和提供工业性劳务作业的收入，房地产企业销售房屋的收入，流通企业销售商品的收入，旅游服务业的门票收入、客户收入、餐饮收入等。主营业务收入在企业收入中所占的比重较大，它对企业的经济效益有着举足轻重的影响。

其他业务收入是指除上述各项主营业务收入之外的其他业务收入，包括材料销售收入、外购商品销售收入、废旧物资销售收入、下脚料销售收入、提供劳务性作业收入、咨询收入、担保收入等。其他业务收入在企业收入中所占的比重较小。

有得就有失， 有收就有支： 主营业务成本与其他业务成本

营业成本是指企业销售商品或者提供劳务的成本。营业成本应当与所销售商品或者所提供劳务而取得的收入进行配比。营业成本又分为主营业务成本和其他业务成本，它们是与主营业务收入和其他业务收入相对应的一组概念。

主营业务成本是企业销售商品、提供劳务等经常性活动所发生的成本。企业一般在确认销售商品、提供劳务等主营业务收入时，或在月末，将已销售商品、已提供劳务的成本转入主营业务成本。主营业务成本按主营业务的种类进行明细核算，期末，将主营业务成本的余额转入"本年利润"科目，结转后本科目无余额。企业应通过"主营业务成本"科目核算主营业务成本的确认和结转情况。

企业结转主营业务成本时，借记"主营业务成本"科目，贷记"库存商品"、"劳务成本"科目。期末，应将"主营业务成本"科目余额转入"本年利润"科目，借记"本年利润"科目，贷记"主营业务成本"科目。

其他业务成本是企业确认的除主营业务活动以外的其他经营活动所发生的支出。其他业务成本包括销售材料的成本、出租固定资产的折旧额、出租无形资产的摊销额、出租包装物的成本或摊销额等。企业应通过"其他业务成本"科目核算其他业务成本的确认和结转情况。

企业发生或结转的其他业务成本借记"其他业务成本"科目，贷记"原材料"、"周转材料"、"累计折旧"、"累计摊销"、"银行存款"等科目。期末，应将"其他业务成本"科目余额转入"本年利润"科目，借记"本年利润"科目，贷记"其他业务成本"科目。

逃不开的税费：营业税金及附加

"营业税金及附加"账户属于损益类账户，用来核算企业日常主要经营活动应负担的税金及附加，包括营业税、消费税、城市维护建设税、资源税、土地增值税和教育费附加等。这些税金及附加一般根据当月销售额或税额，按照规定的税率计算，于下月初缴纳。城市维护建设税和教育费

附加属于附加税费，按企业当期实际缴纳的增值税、消费税和营业税三税合计税额的一定比例计算。

销售费用： 广告策划费以及为卖东西零七杂八花的钱

销售费用是指企业在销售产品或提供劳务等过程中发生的费用，包括由企业负担的包装费、运输费、广告策划费、装卸费、保险费、委托代销手续费、展览费、租赁费和销售服务费、销售部门人员工资、职工福利费、差旅费、折旧费、修理费、物料消耗、低值易耗品摊销等。

管理费用： 有人管理就有人头钱

管理费用是指企业行政管理部门为组织和管理生产经营活动而发生的各项费用。管理费用属于期间费用，在发生当期就计入当期的损益。如企业的董事会和行政管理部门在企业的经营管理中发生的公司经费（包括行政管理部门职工薪酬、修理费、物料消耗、低值易耗品摊销、办公费和差旅费等）、工会经费、董事会费（包括董事会成员津贴、会议费和差旅费等）、聘请中介机构费、咨询费（含顾问费）、诉讼费、业务招待费、房产税、车船使用税、土地使用税、印花税、技术转让费、矿产资源补偿费、研究费用、排污费等。

财务费用： 借钱有利息， 投资有损益

财务费用按照费用项目进行明细核算，如利息支出（减利息收

入）、汇兑差额以及相关的手续费、企业发生的现金折扣或收到的现金折扣。

投资收益: 市场有风险, 投资需谨慎

投资收益是指企业在一定的会计期间对外投资所取得的回报。投资收益包括对外投资所分得的股利和收到的债券利息，以及投资到期收回的或到期前转让债券取得款项高于账面价值的差额等。投资活动也可能遭受损失，如投资到期收回的或到期前转让所得款低于账面价值的差额，即为投资损失。投资收益减去投资损失则为投资净收益。

营业外收支: 搞点副业也创收

营业外收支是指与企业的生产经营活动无直接关系的各项收支。营业外收支净额指企业在一定会计期间内正常经营活动以外的各项收入与支出相抵后的余额。营业外收支虽然与企业的生产经营活动没有多大关系，但从企业主体来考虑，它同样带来收入或形成企业的支出，也是增加或减少利润的因素，对企业的利润总额及净利润产生直接的影响。

所得税费用: 交完税才算净赚的

所得税费用是指企业经营利润应交纳的所得税。"所得税费用"核算企业负担的所得税，是损益类科目。

是不是真土豪， 现金流量表说了算

表 1-3   现金流量表

编制单位：山东致远电子有限公司 2014 年 12 月 31 日   单位：元

项　目	行次	金　额	项　目	行次	金　额
一、经营活动产生的现金流量			补充资料		
销售商品、提供劳务收到的现金	1	82 000 000	1. 将净利润调节为经营活动现金流量	27	
	2		净利润	28	6 375 000
现金流入小计	4	82 000 000	加：计提的资产减值准备	29	
购买商品、接受劳务支付的现金	5	70 000 000	固定资产折旧	30	100 000
支付给职工及为职工支付的现金	6	500 000	无形资产摊销	31	
支付的各项税费	7	5 000 000	财务费用	32	1 000 000
现金流出小计	8	75 500 000	存货的减少（减：增加）	33	100 000
经营活动产生的现金流量净额	9	6 500 000	经营性应收项目的减少（减：增加）	34	−5 400 000
二、投资活动产生的现金流量	10		经营性应付项目的增加（减：减少）	35	4 325 000
收回投资所收到的现金	11			36	
取得投资收益所收到的现金	12		经营活动产生的现金流量净额	37	6 500 000

续表

项　目	行次	金　额	项　目	行次	金　额
现金流入小计	13		2.不涉及现金收支的投资和筹资活动	38	
购建固定、无形资产支付的现金	14	500 000	债务转为资本	39	0
投资所支付的现金	15		一年内到期的可转换公司债券	40	0
现金流出小计	16	500 000	融资租入固定资产	41	0
投资活动产生的现金流量净额	17	−500 000	3.现金及现金等价物净增加情况	42	
三、筹资活动产生的现金流量	18		现金的期末余额	43	21 000 000
吸收投资所收到的现金	19		减：现金的期初余额	44	18 000 000
借款所收到的现金	20	4 000 000	加：现金等价物的期末余额	45	0
现金流入小计	21	4 000 000	减：现金等价物的期初余额	46	0
偿还债务所支付的现金	22	4 000 000	现金及现金等价物净增加额	47	3 000 000
分配股利、利润或偿付利息所支付的现金	23	3 000 000			
现金流出小计	24	7 000 000			
筹资活动产生的现金净额	25	−3 000 000			
四、现金及现金等价物净增加额	26	3 000 000			

钱包里是否有钱，钱变多了还是变少了，得看现金流

日本"经营之神"松下幸之助认为，经营企业在经济景气的时候，不要以为这种景气会一直持续下去，要考虑到经济会出现不景气，在资金富

余时做好储备。要像蓄水的水库一样，经营企业要为不景气做准备。

松下先生认为，大量降雨，如果任其流入江河，就会引起洪水泛滥，招致大水灾。所以先要让河水流入水库，然后按需要放水，这样不仅可以遏止洪水，干旱时还可以防止河水断流，有效地使用了雨水。这种治水的思维方式应用到企业经营上，就是所谓的"水库式经营"。

稻盛和夫认为，企业必须保证足够的现金流，依靠借贷进行投资会直接受到市场利率、资金供需变动以及政府和银行的政策影响，一旦银根紧缩，企业的资金链就有断裂的危险。所以，企业经营必须以手头的现金为基础，努力提升自有资本比率，保证自己的现金流量。

企业经营活动中直接还债的资金有两大现金流来源：一是税后利润，二是会计上作为费用但实际上作为现金留在手头的折旧费。因此，要安全经营企业，就应该在折旧费加上税后利润能偿还的范围内进行设备投资。

所谓现金流量，简单地说，就是在一段时期内，现金的流入、流出及结余的多少。现金流量表的目的就是反映企业在一段时期内，流入、流出企业的资金有多少，分别是从哪里来的，又因为什么原因流出了企业；这段时期内，到底是流入企业的资金多，还是流出企业的资金多，用流入的资金减去流出的资金，结余是多少，这个结余在财务上，我们叫现金净流量。

需要注意的一点是，现金流量表是按收付实现制编制的，而资产负债表、利润表都是按权责发生制编制的。为什么有了以权责发生制为基础的报表外，还要求编制以收付实现制为基础的报表呢？这是由权责发生制与收付实现的本质差异造成的：

一般会计准则大多要求企业以权责发生制来进行会计的核算及报告，

而权责发生制的一个特点就是，确认了收入，但不一定收到了钱；收到钱了，也不一定会确认为收入；同时，付了钱不一定确认为成本费用，确认了成本费用，也不一定会付钱。这样就会造成按权责发生制为基础计算的收入减去成本费用后得到的利润，有很大一部分不一定是实实在在收到钱的利润，有可能一分钱也没有收到，利润数却很大。

这样就给人一种错觉，即这家公司很赚钱，但其实穷得叮当响，银行里一分钱也没有。那么，这些没有收到钱的利润是什么呢？是一些没有收到钱的收入，如应收账款对应的营业收入等，这些都是公司有权在以后向债务人收回的钱。

俗话说得好：二鸟在林，不如一鸟在手。以后才能收回的钱是有风险的，说不定什么时候债务人就卷铺盖走人了，那可就惨了。所以，对应收账款的分析及管理是非常重要的。当然，风险与收益是成正比的，高风险意味着可能产生更高的收益，所以，对风险要加以利用，而不是一味地抵制。

而以收付实现制编制现金流量表的原因就是，你活下来，不是因为有利润，而是因为你钱包里有钱；要确认钱包里是否有钱，钱变多了还是变少了，对于企业来说，想要知道这一点，就需要以收付实现制来编制报表。这就是现金流量表存在的价值。

现金净流量决定你存活下来的概率

利润反映了你赚钱的能力，而现金净流量反映了你未来存活下来的可能性。因此，对于企业来说，一方面要以权责发生制编制利润表，计算出利润，来看一看你有多大的赚钱能力；另一方面，也要以收付实现制编制

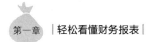

现金流量表，计算出现金净流量，来看一看你未来是否有可能存活下去，活得是否潇洒。

现金就是 RMB？

与现金流量表相关的还有一个比较重要的概念——现金。在这里我们提到的现金是广义上的现金，除了包括通常说的人民币以外，还包括存在银行里的存款，以及可以立即变成钱的短期投资（如股票）等其他资金，总之，这里的现金指的就是有立即支付能力的资产。现金流量表里的数字反映的就是这些有立即支付能力的资产的流动及结余情况。

从企业运营层面解释现金流量表的投资、筹资、经营活动

企业的战略规划表现在现金流量表上就是投资活动。投资有短期性投资和长期性投资，管理层对投资规划的决策决定了企业的未来。正确的投资能使企业保持持续、健康的发展，创造更高的市场估值，错误的投资不仅会使王朝短命，甚至会使"股王"沦落为"毛股"。所谓投资活动，不只是把钱用在哪里的决策，也包括能够把错误投资快速收回来的决策。当然失误的投资全部收回的风险较大，这就要求管理层对投资决策失误要有预警机制，做好应急预案。

企业经营活动的起点是资金，终点也是资金，资金的运动贯穿于企业经营的全过程。借款还款、对外投资和吸收投资，表现在现金流量表上就是筹资活动，也就是资金流。现代企业的"粮道"就是资金流。资金来源

充足，运营过程流畅、快速，回收及时并且增值，才是健康、持续的资金流。资金充足流畅，经营活动、投资活动就能攻能守，员工及股东才能人心安定，债权人才可放心，不着急催债。

市场占有活动表现在现金流量表上就是经营活动。经营活动是对企业生存最敏感的一项活动。经营活动产生的现金流量长期出现负值，说明企业的应收账款多，资金回收缓慢，资产周转效率差。经营活动产生的现金净流量决定了企业的竞争能力和生存能力，长期的正值表明企业在行业竞争中处于优势状态，有利于公司持续、健康发展。

经营活动现金净流量关注的重点是营业收入和利润的持续增长，以及能否从顾客端顺利、快速地收回现金。

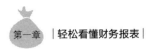

拨开云雾见月明——三张财务报表的钩稽关系解读

为啥要搞清楚三张报表的关系

"经济越发展，会计越重要，会计越重要，报表越复杂。"的确，财务报表的复杂程度在增加。一方面，多样化且复杂化的经济业务需要在报表中得到反映；另一方面，企业的盈余管理手段也在不断翻新。这些因素使得财务报表越来越复杂，同时也使得财务报表分析演变为更专业化的工作。计算几个简单的财务比率已经无法实现财务报表分析的目的，不能满足现实的需要。

分析者只有具备较强的财务会计知识才能够准确地理解愈发复杂的财务报表，对于那些关注报表细节、试图了解企业财务报表中是否存在问题的分析者（如股票交易所的财务分析人员、证券公司的财务分析师、审计人员等）来说更是如此。因此我们认为，分析者应该基于报表钩稽关系进行财务报表分析。

基于报表钩稽关系的财务报表分析，是指分析者以财务报表中各个项目之间的钩稽关系作为主要分析工具，通过考察报表中某项目的金额及相关项目的金额来分析企业的会计政策选择、账务处理思路以及报表数字背后的交易或事项，并从报表及其附注来证实自己的假设，进而对企业的财务状况、经营成果和现金流量状况做出判断。这一方法要求分析者熟悉不同会计政策和会计处理方式对三张报表的影响，能够把握报表项目之间的钩稽关系。

"藕断丝连"、"因果循环"的钩稽关系

在财务报表中，有些钩稽关系是精确的，即各个项目之间可以构成等式。如资产＝负债＋所有者权益，收入－费用＝利润；（在同一张财务报表中的关系，我们称之为表内关系，相对于表间关系而言，表内关系比较简单）再如，资产负债表中"未分配利润"年初数、年末数分别与利润分配表中"年初未分配利润"、"未分配利润"相等。这些都是基本的钩稽关系，也是报表编制者判断报表编制是否准确的最基本的衡量标准。

不过，对于财务报表分析者而言，更为重要的是在某些假设前提和条件下，报表中的某些项目之间存在勾稽关系。

加加减减都是亲戚

现金流量表中的"现金及现金等价物净增加额"与资产负债表中的"货币资金"年末年初数之差相等的前提是企业不存在现金等价物。同理，现金流量表中的"期初现金及现金等价物余额"、"期末现金及现金等价物余额"就分别等于资产负债表中的"货币资金"的年初余额、期

末余额。

再如，利润表中的"营业收入"、现金流量表中的"销售商品、提供劳务收到的现金"、资产负债表中的"应收账款"等项目之间存在钩稽关系（可以简单估算：营业收入－应收账款＝销售商品、提供劳务收到的现金，当然，还要考虑应交税费中的有关税金的变动数）。

利润表中的"主营业务成本"、现金流量表中的"购买商品、接受劳务支付的现金"、资产负债表中的"应付账款"等项目之间存在勾稽关系。报表分析者需要掌握，在何种情况下这些项目之间会构成等式，在何种情况下这些项目之间无法构成等式，在何种情况下这些项目之间的钩稽关系会被破坏等。分析者应该考察报表中这些相关项目之间的关系，并从报表及报表附注中发现相关证据，进而形成对分析对象的判断。

案例 收入与现金流相差的 1 亿元去哪了

一位股票投资者在阅读上市公司年报中发现了一个有趣的问题。在某上市公司 2014 年的年报中，利润表中 2014 年主营业务收入为 6.52 亿元，现金流量表中 2014 年销售商品、提供劳务收到的现金为 5.23 亿元，收入与现金流相差 1 亿多元；同时在资产负债表中，公司 2014 年年末的应收票据、应收账款合计只有近 0.14 亿元。这使这位分析者产生了疑惑，近一个亿的收入为什么在现金流量表与资产负债表中未能体现出来？究竟是该公司的报表存在问题，还是有其他原因？

这位分析者注意到了三张报表之间的钩稽关系。他的基本思路是：对于利润表中所实现的"主营业务收入"，企业要么收到现金，反映在现金流量表中的"销售商品、提供劳务收到的现金"，要么形成应收款项，反映在资产负债表中的"应收账款"和"应收票据"。

但是，正如前面所指出的那样，这种钩稽关系的成立依赖于某些前提条件。导致上述情形出现的常见原因有以下几类：

第一类是企业在确认主营业务收入时，既没有收到现金流，也没有确认应收账款或应收票据。例如，企业在确认主营业务收入时冲减了"应付账款"；企业在确认主营业务收入时冲减了以前年度的"预收账款"；企业在补偿贸易方式下确认主营业务收入时冲减了"长期应付款"；企业用以货易货方式进行交易，但不符合非货币性交易的标准（补价高于25％）；等等。

第二类是企业在确认主营业务收入时，同时确认了应收账款或应收票据，但是其后应收账款或应收票据的余额减少时，企业并非全部收到现金。例如，对应收账款计提了坏账准备；企业对应收账款进行债务重组，对方以非现金资产抵偿债务或者以低于债务面值的现金抵偿债务；企业年内发生清产核资，将债务人所欠债务予以核销；企业利用应收账款进行对外投资；企业将应收账款出售，售价低于面值；企业将应收票据贴现，贴现所获金额低于面值；企业给予客户现金折扣，收到货款时折扣部分计入了财务费用；企业委托代销产品，按照应支付的代销手续费，借记"营业费用"，同时冲减了应收账款，等等。

第三类是企业合并报表范围发生了变化。例如，企业在年中将年初纳入合并报表的子公司出售（或降低持股比例至合并要求之下），则在年末

编制合并利润表时将子公司出售前的利润表纳入合并范围，但资产负债表没有纳入，故使得钩稽关系不成立。

分析者可以通过阅读报表及相关附注证实或证伪上述三类原因的存在。如果没有发现上述原因及其他特殊原因存在的证据，那么很有可能是该公司的报表存在问题，则分析者需要重点关注该公司的收入确认、应收账款与其他应收款、现金流量的归类等。

年报三大核心：肌肉、血液、骨骼

总的说来，对于年度财务报表（简称年报），把握三大核心部件即可：
- 每股收益（肌肉），厚实好；
- 每股现金流（血液），流转高；
- 每股净资产（骨骼），强壮好。

不要眉毛胡子一把抓

其他诸如净利润、未分配利润其实就是果实部分，不必过分在意。主营业务收入增长率、净资产收益率、负债比率、同行业排名等处在龙头地位的即可列入基础股票池。另外，还要注意跟往年的同期做比较，关注增长的比例。当然，具体到量化，还需要通过一些公式来计算。对于增长太多或倒退太大，一定要找到原因，不要眉毛胡子一把抓。

综上所述，我们可以看到，基于报表钩稽关系的财务报表分析是一种更为注重对报表结构、报表各项目间关系理解的财务分析思路，它更强调从报表来看企业发生的经济业务，更注重识别企业财务报表是否存在粉饰和错误。由于在我国现阶段，现实中存在相当一部分的虚假会计信息，报表粉饰行为盛行，因此应该强调基于报表钩稽关系的财务报表分析。

三张报表及其关系图

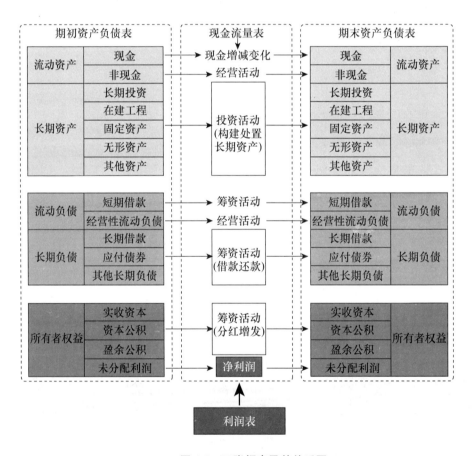

图 1-1　三张报表及其关系图

财务报表分析逻辑框架图

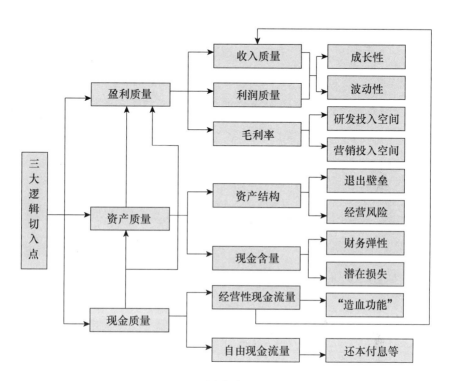

图 1-2　财务报表分析逻辑框架图

企业三张财务报表之间的关系可以用"一个中心、两个基本点"来概括。一个中心，即资产负债表；两个基本点，即利润表和现金流量表。

资产负债表是时点报表，是表达某一时点企业的总资产、总负债和净资产三者关系的静态报表，是三张报表的中心。

利润表是反映资产负债表中净利润增减变化的报表。净利润本年累计数＝资产负债表中未分配利润期末数—期初数。

现金流量表反映了资产负债表中货币资金的增减变化。现金及现金等价物的净增加额＝货币资金的期末余额—货币资金的期初余额。

❶ 解读资产负债表

资产负债表是财务报告中唯一的主表，利润表和现金流量表是资产负债表的补充。利润表最后一行的净利润可以通过分析资产负债表计算出来，资产负债表所有者权益中的未分配利润和盈余公积的期初期末变动数就是利润表的净利润金额。如果没有现金流量表，通过对资产负债表中货币资金的期初期末余额增减的比较也可以计算出当年的现金净增加额。这两张表只是让报表使用者详细地了解净利润和现金净流量是如何得来的。

❷ 解读利润表

为什么要有利润表？利润表可以让报表阅读者看到企业

经营的规模（收入金额）、毛利状况（毛利率计算）、期间费用（费效比）、投资收益是否有异常变化等。在外部投入资本不变的情况下，净资产的增减变化数就是本年利润。但我们要了解其产生的原因，分析各项成本、费用的发生额及变化，所以就有了成本费用的明细栏目，有了利润表。

③ 解读现金流量表

根据资产负债表完全可以计算出本年度现金的净流量，但为什么还要编制现金流量表呢？主要原因是报表使用者最想了解，现金净流量是来自企业的经营活动（靠现金收入支撑）、投资活动（对外投资或者投资收益），还是筹资活动（借款来的也是现金流入）。假定企业的经营活动产生的现金流是负数，如果企业的利润表还有赢利的话，就可以推测出应收账款可能有问题。

一般来说，持续经营的健康的企业，经营活动产生的现金流是正数（现金收入比高），投资活动产生的现金流是负数（大量投资），筹资活动产生的现金流是正负相关的（正负都合理）。

④ 三张财务报表印证出的美

从美学的角度看会计报表，资产负债表表现出来的是"对称"的中国美，是美学概念中的"对称均衡"。天下万物生于有，资产负债表左边的资产来自右边的负债和净资产。左边和右边是对称平衡的，所以资产负债表也可称为资金平衡表。

利润表体现的是"高度"的立体美，是美学中的"动态均衡"。利润表如瀑布般自上而下，以收入作为起点，最终计算出净利润。利润表每个月都会有灵动的变化，一般来说，没有两个会计期间的利润表是完全相同的。

而现金流量表所表达的是"健康"之美，从资金的运动形态来看，从货币资金出发经过生产、产品、销售过程，最终还是回到货币资金，现金循环往复，周转不息，是美学中的"连贯之美"。

资产负债表说明人生需要努力工作，创造出一个好的"底子"，利润表说明人的一生要做出一番大事业，也就是要有一个好"面子"，现金流量表说明人生需要规划好，要会过"日子"。

美国当代著名的哲学家、美学家苏珊·朗格把美学艺术分为时间美学、空间美学和生活美学，正好与资产负债表、利润表、现金流量表表达出了美学的一致性。资产负债表是时间积累的报表，利润表是空间计算的报表，而现金流量表是企业生存的生活报表。

第二章

亲密接触财务报表附注

本章导航

财务报表附注有哪些内容

看财务报表附注要关注什么

附注中其他重要事项的说明需要关注吗

财务报表附注是为了便于报表使用者理解报表的内容而对报表的编制基础、编制依据、编制原则和方法及主要项目等做的解释。它是对财务报表的补充说明，是财务决算报告的重要组成部分，为报表使用者提供了充分、翔实的企业财务信息。那么，如何有效利用这些信息呢？本章我们将依据附注结构顺序，逐一做出说明和解释。

企业的基本情况

财务报表附注的第一部分是企业基本情况，主要介绍企业的历史和主营业务范围等内容。

了解企业基本情况对于第一次接触这家企业的"陌生人"尤其重要。这就好比相亲，女孩出门前，一定会问问媒婆，男孩叫什么名字，年龄多大了，家住哪里，做什么工作的，家中人员构成等。了解一家企业也一样，假设你计划投资这家企业，你得知道它是做什么的，经营业绩如何，发展前景怎样等。所以，在判断财务报表反映企业财务状况、经营成果和现金流量情况的真实程度之前，我们非常有必要通过附注资料了解企业的基本情况。

❶ 了解企业概况、结构等基本内容很重要

通过附注，企业一般会较全面地说明其注册资本、法定代表人、组织

结构、所处行业、经营范围等内容。如同相亲的那个女孩要了解男孩的基本情况一样，太穷的她接受不了，那就看看注册资本吧；她还想知道男孩家中兄弟姐妹几个，这就相当于企业的组织结构。

② 了解企业的经营范围和主营业务情况很重要

在附注中，财务报告提供者一般会全面地介绍企业的经营范围和主营业务情况，因为企业所在行业将被报表使用者充分关注。假设这个女孩很崇拜"高富帅"，那么这个男孩是个富二代或者官二代最好。同理，对报表使用者而言，企业从事的行业很重要。就像目前的金融行业，虽不属于暴利行业，但是掌握着国家的经济命脉，因此值得投资。如果是普通的制造业或是高能耗、高污染的行业，那么对投资者来说，他一定不感兴趣。

③ "问君能有几多愁，恰似满仓中石油"

股市已经非常具体地把企业分成了金融、地产、医药、农业、汽车、商业、电力等板块。不同行业在不同时间段受社会大环境的影响不一样。例如，网络上曾经流传一句股民在熊市时的"心语"："问君能有几多愁，恰似满仓中石油"。为什么中石油能成为影响股民心情的"领衔者"？因为它是能源股，而能源与人民生活、企业发展甚至社会稳定都息息相关；受国际大环境和国内市场调控的影响，能源的价格起起落落，变化非常大，股民也就"落也愁，涨也愁"。

④《沁园春 · 房》

有的投资者特别关注房地产股。大家可以看一下最新改编的一首词——《沁园春 · 房》，别有一番新意：

神州大地，千人蜗居，万人房奴。

望长城内外，大厦高楼，工地上下，人浪滔滔。

祖孙三代，倾尽所有，为凑首付血压高。

须钞票，从银行贷款，自寻苦恼。

楼价如此虚高，逼无数英雄竞折腰，

昔秦皇汉武，见此技穷，唐宗宋祖，还是没招。

一代天骄，成吉思汗，只好屈身蒙古包。

俱往矣，数天价楼盘，还在今朝。

❺ 了解企业的发家致富史

通过财务报表附注，我们还能了解到企业的历史沿革，而通过分析企业的重大历史事件，也能在一定程度上分析出可能影响企业盈利前景的一些因素。

前些年贵州茅台的股票一直被股民追捧，也是金融业很多大投资者长期持有的重要股票。是他们都喜欢喝酒，期望将来能以股东身份"分得玉液一杯"吗？当然不仅如此，除了酒类行业收入高、盈利能力强外，还有一点很重要，那就是茅台酒是一家历史悠久，含高、中、低档全部白酒品种的生产企业，在品牌知名度、产品品种定位及产品特性等方面都处于行业领先地位，有着得天独厚的发展优势，其发展前景无可估量。其"历史悠久"、"国际品牌"、"中国驰名商标"的积累也是吸引投资者的一个重要因素。

不同的会计处理方法会得出不同的利润——会计政策变更要在附注中说明

即使是相同的原始会计资料，由于使用不同的会计处理方法，也会编制出财务数据不同的报表，得出不同的净利润数额，因此我们必须关注企业当期使用了哪种会计处理方法，同前期比较，是否变更了会计处理方法，以及会计处理方法及其变更对净利润的影响等。

根据新颁布的《企业会计准则》，固定资产的折旧可以采用年限平均法（直线法）、工作量法、双倍余额递减法和年数总和法等。假设企业有一项固定资产，用以计提折旧的金额是 240 万元，使用年限是 5 年。如果按直线法计提折旧，每年都计提 48 万元；如果企业采用年数总和法来计提折旧，则从第一年起，5 年内各年计提折旧的金额分别为：80 万元、64 万元、48 万元、32 万元、16 万元。假设所有的折旧最终都计入了费用，那么在第一年，因为折旧方法由直线法变成年数总和法，利润减少了 32 万元(80－48)。

由此可见，同一企业，如果改变了会计处理方法，计算出来的利润表数据就有变化。同一行业不同企业，即使经营状态类似，由于采用的会计处理方法不同，得出的财务数据也完全不同。这样会导致同一企业不同时期或同一个时期的不同企业在收益确定和资产计价等方面产生较大的差别，对财务报表使用者阅读和理解财务报表产生不应该有的误导。所以，企业有必要在财务报表附注中披露编制报表所采用的会计处理方法。我们在阅读企业财务报表前，也需要先通过附注资料了解企业采用的会计处理方法。

公司的关联交易和重组事项要在附注中披露

❶ 子公司"变脸"影响利润

随着世界经济一体化的发展，"规模化"、"多元化"集团公司的运行模式在全球范围内越来越盛行，一家大公司可能经营多个主业，一个母公司可能有多家子公司。企业与企业之前的关联也越来越密切。各家子公司对总公司的利润贡献是不同的，对总公司盈利能力的影响也是不同的。

关注企业的子公司和关联企业的基本情况，及其相互之间在财务数据上的关联，可以帮助我们确认一家企业经营活动和盈利能力的本质。

② 重组企业盈利有玄机

一家资产过亿元、员工超过 5 000 名的国有企业（我们称之为 A 公司），多年来一直亏损，持续经营无望，经破产清算后将其中的少部分良性资产整合，成立了新的股份有限公司（我们称之为 B 公司），任命了新的老总。此后三年，B 公司对外报出的报表显示，该公司连续 3 年盈利超过 1 000 万元。于是在破产清算中买断工龄的大批员工就感叹了："看看吧，企业还是生产那些东西，并没有特殊的技术革新，留下来的 300 人也还是那些人，可企业却能盈利，这新老总真不是一般人啊!"

为什么只要重组企业就能盈利呢？难道真的只要"股份"，企业就能盘活？或者真的是因为这个新老总是个能人？

带着这样的疑问，我们详细阅读了 B 公司的财务报表及附注，看完后忍不住哑然失笑：B 公司完全没有改变 A 公司经营不善的本质，企业之所以盈利是因为在破产清算时"算"上了一笔好投资。原来，A 公司在多年前慧眼投资了一家台资机械类合资公司，拥有该合资公司 40％ 的股份。A 公司破产时，做出的最英明的决策就是保留企业在这家台资企业的股份份额不变。当然，A 公司破产了，它所占有的股份理所当然地转到了新成立的股份公司 B 公司名下。随着这家合资企业的不断发展，在最近三年里，其净利润每年近 5 000 万元，而 B 公司作为它的"继"母公司，自然而然地分得 40%的利润，这就是 B 公司什么也不做，利润表上也可直接增加 2 000万元收益的原因。

当资产过亿并巨额亏损的 A 公司分得 2 000 万元利润时，它还是亏损，而甩掉包袱的 B 公司拥有 2 000 万元"外来"利润时，合并后其报表出现 1 000 万元的盈利就再正常不过了。只可惜破产清算中买断工龄的大批员工并不知道利润表中还有这样的秘密，也没有想到新老总所有的业绩完全是"移花接木"。

由此我们不难看出，分析企业所属子公司的盈利对整个企业利润的影响，是评价一家企业经营好坏的重要方面。如果一家企业绝大部分利润来源于各个子公司的盈利，我们绝不认为该企业发展良好，最多只能说其投资有方。

财务报表主要项目注释

附注的第四部分是财务报表主要项目注释，这部分列示了报表中所有重要项目的明细资料，这些明细资料则是判断财务报表反映公司财务状况、经营成果和现金流量情况真实程度的重要线索。报表使用者应该逐一仔细阅读和分析报表重要项目的明细资料，这也是判断财务报表反映其财务状况、经营成果和现金流量情况真实程度的重要步骤。

由于附注中的财务报表主要项目注释内容非常详细，我们只从整体上来分析阅读这些项目的思路。

❶ 关注财务报表重要项目的明细说明

财务报表重要项目包括应收账款、存货、对外投资、投资性房地产、固定资产、无形资产等。这些资产类项目的质量如何，直接反映企业资产的"含金量"。当其出现贬值时，应及时计提减值准备。如果附注中完全没有提到这些资产目前的状态，或者含糊其辞，报表使用者就应该警觉：是资产完全良性，还是有意回避要害不说？

② 关注报表中数据异常项目的明细说明

所谓数据异常，就是与我们常理所知不一致的财务报表数据。如存货是负数，这是违背常理的；又如制造企业的固定资产原值的金额很小，占整个企业资产的比例非常低——没有资产，怎么从事制造业呢？再如预收账款或其他应付款项目的余额比本期主营业务收入还要高，就有可能是大额的应计入收入的业务没有计入等。当我们阅读财务报表发现这些异常时，需要及时查阅报表附注资料对这些项目的明细说明，分析其解释是否合理，是否能自圆其说。例如，为什么制造企业固定资产原值的金额很小？企业可能会说，我们使用的资产全部是租来的，每月付租金。这就需要再通过现金流量表中是否定期有租金支付来加以印证。

附注中其他重要事项的说明

除前面说到的四类说明外，附注还列示了企业关于承诺事项的明细资料、或有事项的明细资料、资产负债表日后事项中的非调整金额，以及其他重要事项的说明。这些重要事项的说明可能成为辨别企业财务报表反映其财务状况、经营成果和现金流量情况真实程度的重要线索。针对这些事项，我们需要关注如下问题。

① 关注承诺或担保事项的说明

所谓承诺或担保事项，是指资产负债表日已经存在，企业正在履行或准备履行的具有法律效力的重要财务承诺。例如，投资合同、成套设备等重要物资采购合同、发包工程合同、租赁合同以及对外提供的各种担保和抵押等。这些事项有时候会直接影响企业的生存。

② 见微知著控风险

某海参深加工企业在 2014 年期末与某海参养殖场签订了购买大批海参的采购合同，合同约定以一定的价格收购该场来年秋天的海参，如果违约，需要支付巨额违约金。这样的采购合同风险很大，我们看到报表附注中有这样的信息时，需要进一步关注该企业目前的市场占有情况，确认其是否有固定的客户群，这些客户目前的经营状态如何，现金流如何等，这些都是附注迫使我们去进一步了解的信息。

③ "小心地雷"：关注或有事项的披露

或有事项，是指报表日已经存在但有较大的不确定性，其最终的结果有赖于未来的各种因素决定的事项。如未决诉讼、已贴现票据可能发生追索、为其他企业的贷款担保等。

这些可能导致企业发生损失或收益的不确定的状况或情形，其最终结果只有在未来发生或不发生某个事件时，才能得到证实。那么这样的事项对报表使用者有什么用呢？这就好比企业拿一个写着"小心地雷"的小红旗，插在有地雷的地方，插上小红旗以后，如果还有人踩到了地雷，那就只能自己承担后果；但是有地雷却没插小红旗，导致别人踩到了地雷，财务报告人就负有不可推卸的责任。

或有事项给企业带来的影响包括或有损失和或有收益两种。依据企业会计准则的规定，对于或有损失，如未决诉讼中可能发生的败诉，根据稳健性原则应在附注中充分披露；对于或有收益，如未决诉讼中可能发生的胜诉，则一般不需在附注中说明。只有属于极有可能发生的或有收益，才可在附注中根据谨慎性原则以适当的方式予以披露。

④ 特殊事项说明需谨慎

某冰箱公司的应收账款余额较大，从本年年底的催款结果可知，有一家商场客户的财务状况恶化，其欠本公司的1 000万元应收账款收回的可能性不大，即使收回，可能也只是追回部分退货冰箱。这就是冰箱公司的或有事项，冰箱公司需要在附注中对这一事实做充分的披露。作为报表使用者，在看到附注中的说明后，除需要确认冰箱公司是否足额计提了坏账准备外，还需要进一步关注该公司这样的应收账款有多少，是否已全部披露，以此来确认该公司财务报表中"应收账款"项目余额的可信度。

⑤ 充分关注资产负债表日后非调整事项，做到未雨绸缪

所谓资产负债表日后非调整事项，是指在资产负债表日（12月31日）后才发生或存在的事项，它不影响资产负债表日的存在状况，不需对资产负债表日编制的财务报表进行调整，但由于事项重大，如不加以说明，会影响报表使用者对财务报表的理解，进而将影响报表使用者的决策。

例如，企业计划在次年1月发行新的股票或债券，虽然这一举措对本年度企业的财务报表没有任何影响，但是对现有债权人来说，可能需要权衡发行新债券后，企业的负债比例是否过高，自己的债权是否安全等。

再如，企业计划对另一企业进行巨额投资，虽然这是报表日后才发生的事项，但是对企业股东来说，新的投资项目风险有多高，利润水平如何，是否会造成企业现金流短缺，是否会影响股东本期现金股利的及时发

放等，都在其考虑范围内。

所以，报表使用者只有充分关注资产负债表日后非调整事项，做到未雨绸缪，才不至于在企业规划内、事件实际发生时茫然失措、手忙脚乱。现在很多股市评论员以"年后某某企业可能被收购"、"某某企业计划有新投资项目"、"某某企业因为环保产品政府计划奖励多少资金"等这样的方式吸引社会资金流入，打的就是"资产负债表日后非调整事项"的牌。

⑥ 关注重要资产转让及其出售情况

针对重要资产转让及其出售等情况，企业也应该在附注中做适当披露。例如，通过阅读附注可知，企业将非常重要的某一生产线整体转让给了其他企业。报表使用者获知这一信息后，应考察其转让或出售的原因、资产转让或出售价格、该资产的公允价值，以及企业如何做后续补充来满足生产需求等。

⑦ 关注重大投资和融资活动的说明

针对重大投资和融资活动，企业也应该在附注中明确说明。例如，通过阅读附注可知，企业以现金投资 2 000 万元（占注册资本的 20%）与某高科技企业联营，开发利用垃圾产品发电的新项目。报表使用者获知这一信息后，应进一步了解该项目的可行性、资金筹集方式、合作方的财力和技术支持能力、国家对此类项目是否有鼓励政策等信息，以确认该项目的投入对企业发展有何影响。

总之，只有在阅读财务报表的同时，结合财务报表附注来全面地分析财务数据，才可以提高报表信息的可比性、相关性和可理解性。

中国会计，始于绍兴，始于大禹。大禹是会计的祖师爷。

《史记》之《夏本纪》记载："禹会诸侯江南，计功而崩，因葬焉，命曰会稽。会稽者，会计也。"

中华民族的英雄大禹付十三年心力成功治理水患，修了黄河长江，使中华儿女在神州大地上繁衍生存，被百姓拥戴为王。大禹，把泡在洪水里的一个国家，变成以农业立国的国家，奠定了中国农业国家的基础。

《纲鉴易知录》（卷一）记载："癸未，八岁"，大禹接手做皇帝。按现在西方的历法计算，应为公元前2198年，距现在4203年了。这个民主的皇帝把水利完成后，舜才禅位给他，做了八年。"巡狩江南"包括现在的安徽、江西、浙江、江苏。大禹过了长江，就到江南视察，召见诸侯们。他走遍全国勘察山川地貌，将中国分为九州，"神州"中华由此发端，中国的疆域称为"禹迹"、"禹域"，大禹铸的铜鼎称"禹鼎"，象征国家的命运，代表九州，代表中国。

大禹为公益事业最早建立了国家税赋制度，有了税赋制度便开始有了会计、审计工作，即"会稽"工作。4000多年前大禹在"江南"召开的诸侯大会，是中国历史乃至世界历史上第一次会计工作大会。大禹在会后病故了，就地葬在了山上，诸侯们经过集体研究，将此山正式命名为"会稽山"，以表彰大禹开创"会稽"工作而对国家所做的贡献，彰示会计工作在国家管理中的重要地位。

"会稽山"是华夏子孙的骄傲，但由于年代久远，已很少有人知道这段历史。其实，会稽山原来叫做茅山，就因为大禹召集了全国的诸侯来，才更名为会稽山，"会稽者，会计也"，会计两个字就是这样来的。

"会稽山"乃是华夏数千年文明史上一个重要的标志，是华夏历史长河中一座会计的丰碑，是世界会计文化的源头。

我们会计人的祖师爷就是这个大禹。一点也没有错，大会计就是这样来的。

会计人将来在家里，除了供一个学会计的祖师爷大禹皇帝以外，还有个副祖师爷——孔子。孔子小的时候做过会计。因为他家里穷，爸爸去世了，他妈妈还带着前母生的兄弟姐妹。孔子要帮忙维持家计，所以也做过会计，也收过税，什么事情都管过。所以，人家问孔子大圣人，你的学问怎么那么渊博呢？孔子说，我"少也贱"，我年轻的时候家里穷啊，因为穷，要吃饭，什么事情都干过。所以，孔子是做过会计的，你看多光荣啊。

孔子以后呢，历史上对做会计的就叫做聚敛之臣，都是帮老板诸侯聚敛钱财的。会计的范围非常大，经济、财政、税务，都属于会计的范围。孔子的学生，所谓三千弟子，七十二个贤人，有好几个都是替人家管会计的，也就是聚敛之臣。

作为会计人，应该放大胸襟。会计是个技术而已，这个技术容易学，但是把自己的胸襟、学问、思想放大才是我们"大会计"的目标，才更有意义。

资料来源：部分内容摘自2004年10月南怀谨在上海国家会计学院的演讲。

02

工欲善其事，必先利其器
——重要财务指标分析

会计：不要破坏我的圆，圆即规矩

会计人很执着、专注

会计是加班

会计是戴眼镜的老先生

会计发昏会挡住哲学家的阳光

会计不能犯同样的错误，就像会计不能踏进同一条河流

会计对不可说的，要保持沉默

会计的报告如奥卡姆的剃刀：简单即好

会计说话之前请思考

会计，以利为先

会计有时迂腐

会计喜欢加减乘除

会计管理现金：有备无患

会计彼此尊重，方能和谐相处

会计追求完美

第三章

快速掌握重要财务比率分析

本 章 导 航

财务管理效率指标

盈利能力指标

资产管理效率指标

现金管理效率指标

上市公司估值指标

持续发展能力指标

利器之财务管理效率指标分析

财务管理效率主要体现在财务杠杆带来的效益和风险方面。

资产负债率

资产负债率＝负债总额/资产总额

致远公司资产负债率＝5 890/9 920 [1] ＝59.38%

❶ 财务杠杆越低越好吗?

资产负债率又称财务杠杆,是负债总额除以资产总额的百分比。该比率反映了总资产中有多大的比例是通过借债来筹资的,故可以衡量企业在清算时保护债权人利益的程度。由于所有者权益不需偿还,因此财务杠杆越高,债权人所受的保障就越低。但这并不是说财务杠杆越低越好,因为一定的负债表明企业的管理者能够有效地运用债权人的资金,帮助股东用较少的资金进行较大规模的经营,所以财务杠杆过低说明企业没有充分利

---

[1] 本章指标计算的数据均以万元为单位,数据来源于第一章的资产负债表、利润表或现金流量表。

用债权人的资金。

从银行的立场看，他们最关心的是贷款安全，也就是能否按时收回本金和利息。资产负债率越低，企业偿债越有保证，贷款越安全。从股东立场看，借债是"双刃剑"，在全部资本回报率超过贷款利率时，超额回报属于股东；但在全部资本回报率小于贷款利率时，股东利润会减少，企业成了银行的"打工者"。因此举债既增加了股东盈利水平，又增加了股东的风险。

② 资产负债率的合理范围

通常认为资产负债率在 60%～70% 之间为合理范围。

（1）若该比率低于 30%，则说明企业的经济实力较强，负债较少，资金来源充足。但是，适当的举债对于企业发展及规模扩大有一定促进作用，说明企业的潜力还有待发挥。

（2）若该比率大于 70%，则说明企业难以筹到资金，筹资风险加大；利息负担增加，偿债风险也增加。

但一些成长性的企业，可能在其能力范围内，通过举债来扩大生产规模，投入高回报的项目中，虽然其资产负债率较高，但从长远来看，能获得一定的高收益；相反，一些规模小、盈利能力差的企业，其资产负债率可能较低，但并不能说明其偿债能力很强。

③ 稻盛和夫的"现金本位经营原则"

有些企业对资产负债率有特别的要求，例如稻盛和夫经营的京瓷企业就特别重视企业的现金流，对"ROE 高的企业就是好企业"持否定态度。京瓷公司坚持"现金本位经营原则"，即以现金为基础的经营，关注现金的流动，基于事物的本质开展质朴的经营。稻盛和夫会计学的第一项基本原则就是，会计必须服务于以现金为基础的经营。

ROE 是净资产收益率（Rate of Return on Common Stockholders' Equity）的英文简称，即相对于自有资本能产生多少利润。在重视 ROE 的投资家看来，不管你有多么高的销售利润率，如果你只是把赚到的钱储存起来，用相当多的自有资金却只能产生很少的利润，他们就判断为投资效率差。ROE 也是西方经营哲学的一个核心理念。受他们的影响，不少经营者也开始认为"必须提高 ROE"。因此，用辛苦积攒下来的内部留存收益去并购企业，购买设备，或购买本公司股票，消耗掉部分内部留存收益。使自有资金缩水，去追求短期利润最大化。这样的经营使 ROE 达到了高值，在美国式资本主义世界，这样的经营被评价为优秀。

京瓷的经营高层在美国、欧洲开投资说明会时，总会听到这样的意见："京瓷的自有资本比例实在太高，而 ROE 太低，存这么多钱干什么呢，应该去投资，应该去使用，好赚更多的钱，给股东更多的回报，这是我们投资家的要求。"

稻盛和夫认为："当'ROE 高的企业就是好企业'这种观点成为常识的时候，我的意见就是谬论。但是，这种所谓常识，归根到底不过是短期内衡量企业的尺度。现在买进股票，待升值时抛出，这样就能轻松赚钱。对于这样思考问题的人来说，ROE 当然越高越好，但我们要考虑的是企业长期的繁荣，对于我们来说，稳定比什么都重要，企业应该有足够的储备，才能承受得起任何萧条的冲击。"

❹ 房地产企业的资产负债率用净资产负债率计算比较合适

需要特别说明的是，房地产企业的资产负债率用净资产负债率计算比较合适，因为房地产企业的预收账款金额较大，并且对于房地产企业来讲，施工周期较长，预收账款虽然属于负债项目，但是又不是纯碎意义上的负债，剔除预收账款的资产负债率才能体现房地产企业真正的资产负债率。例如，2012 年度，万科地产受宏观调控影响，净负债大幅上升。截至报告期末，公司持有货币资金 333.1 亿元，受预收账款增长的影响，资产负债率升至 79.4%，达到 2005 年以来的高位，剔除预收账款后，公司净资产负债率为 37.7%，达到 2011 年以来的新高。

流动比率

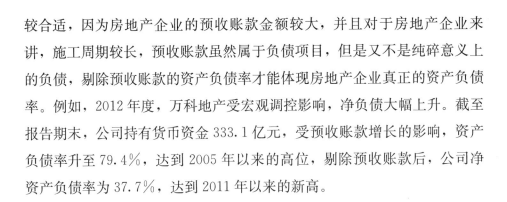

流动比率＝流动资产/流动负债

致远公司流动比率＝7 960/4 890＝1.63

　　流动比率等于流动资产除以流动负债。它可以反映企业的短期偿债能力，即企业可在短期内转变为现金的流动资产偿还到期流动负债的能力。流动资产越多，流动负债越少，该比率就越高，说明企业偿还流动负债的能力越强。流动比率低，说明企业对流动负债的偿付能力弱，容易发生周转资金短缺。

● 流动比率越大越好吗？

　　流动比率的流动性强弱反映企业生产经营活动的活力及应变能力的强弱，但流动比率也不是越大越好，只要能够说明有能力偿还短期债务即可，一般认为，生产企业正常的流动比率以 2 为宜。因为流动资产中变现能力最差的存货金额约占流动资产总额的一半，剩下的流动性较大的流动资产至少要等于流动负债，企业短期偿债能力才会有保证。计算出来的流动比率只有和同行业平均流动比率、本企业历史比率进行比较，才能判断该流动比率是高还是低。影响流动比率的主要因素是流动资产中应收账款和存货的周转速度。

速动比率

速动比率＝（流动资产－存货）/流动负债

致远公司速动比率＝（7 960－2 180）/4 890＝1.18

速动比率是从流动资产中扣除存货部分，再除以流动负债的比值。由于存货在流动资产中变现速度最慢，部分存货可能已经报废但还未做处理，部分存货也可能已经抵押，存货估价与市价悬殊，故将存货从流动资产中扣除。把存货从流动资产中扣除后计算的速动比率反映的短期偿债能力可信度更高。

❶ 速动比率的合适值

通常认为正常的速动比率为1，但不同行业的速动比率会有很大差别，故没有统一标准的速动比率。例如，在采用大量现金销售的商店，几乎没有应收账款，速动比率大大低于1也是正常的。影响速动比率可信性的重要因素是应收账款的变现能力，因为账面上的应收账款不一定都能变成现金。

❷ 保守的速动比率

由于各行业的差别，在计算速动比率时，除扣除存货以外，还可以去掉一些可能与当期现金流量无关的项目，得到的速动比率称为保守的速动比率，即用现金、短期证券、应收票据、应收账款净额之和除以流动负债。保守的速动比率反映的短期偿债能力比速动比率更加安全。

现金比率

现金比率＝(货币资金＋交易性金融资产)/流动负债

致远公司现金比率＝2 100/4 890＝42.94％

现金比率通过计算公司现金以及现金等价资产总量与当前流动负债的比率，来衡量公司资产的流动性。

现金比率是速动资产扣除应收账款后的余额与流动负债的比率，它最能反映企业直接偿付流动负债的能力。现金比率的值一般认为20％以上为好。但这一比率过高，就意味着企业流动资产未能得到合理运用，而现金类资产获利能力较低，这类资产金额太高会导致企业机会成本增加。

短期偿债能力是指企业偿还短期债务的能力。短期偿债能力不足，不仅会影响企业的资信，增加今后筹集资金的成本与难度，还可能使企业陷入财务危机，甚至破产。一般来说，企业应该以流动资产偿还流动负债，而不应靠变卖长期资产，所以用流动资产与流动负债的数量关系来衡量短期偿债能力。

流动资产既可以用于偿还流动负债，也可以用于支付日常经营所需要的资金。所以，流动比率高一般表明企业短期偿债能力较强。但这一比率过高，则会影响企业资金的使用效率和获利能力。究竟多少合适没有定律，因为不同行业的企业具有不同的经营特点，这使得其流动性也各不相同；另外，还与流动资产中现金、应收账款和存货等项目各自所占的比例有关，因为它们的变现能力不同。为此，可以用速动比率和现金比率辅助进行分析。一般认为，流动比率为 2、速动比率为 1 比较安全，过高有效率低下之嫌，过低则有管理不善的可能。实际应用中，由于企业所处行业和经营特点的不同，应结合实际情况具体分析。

利器之盈利能力指标分析

盈利能力是报表使用者关心的核心，也是企业成败的关键，只有长期盈利，企业才能真正做到持续经营。因此无论是投资者还是债权人，都对反映企业盈利能力的比率非常重视。一般用下面几个指标衡量企业的盈利能力。

销售毛利率

销售毛利率＝（主营业务收入－主营业务成本）/主营业务收入

致远公司销售毛利率＝（9 000－7 350）/9 000＝18.33％

● 毛利是企业经营获利的基础

企业老板都是理性的经济人，不可能老是做亏本的生意，毛利是企业经营获利的基础，企业经营要盈利，首先要获得足够的毛利，在其他条件不变的情况下，毛利额大，毛利率高，则意味着利润总额也会增加。

销售毛利率主要受两个因素影响：一是产品或劳务的销售价格；二是原料购买成本和产品生产成本。以产品差异化作为战略的公司往往定高价，以低成本作为战略的公司往往能够以低于竞争对手的成本购入原料或能够更有效地组织生产。这些因素都将对销售毛利率有重大影响。

销售净利润率

销售净利润率＝净利润/主营业务收入×100％

＝（利润总额－所得税费用）/主营业务收入×100％

致远公司销售净利润率＝ 637.5/9 000＝7.08％

净利润的多少取决于两个因素：一个是利润总额，另一个就是所得税税率。

企业的所得税税率都是法定的，所得税税率越高，净利润就越少。我国征收一般企业的企业所得税税率为 25％，国家需要重点扶持的高新技术企业所得税税率为 15％，小型微利企业所得税税率为 20％，非居民企业的企业所得税税率为 20％。当企业的经营条件相当时，所得税税率较低的企业留存收益要好一些。

● 净利润率比净利润更能说明问题

只关注净利润的绝对额增减变动不足以反映公司盈利状况的变化，还需要结合主营业务收入的变动。例如，如果主营业务收入增长率快于净利润增长率，则公司的净利润率会下降，说明公司盈利能力在下降；相反，如果净利润增长快于收入增长，则净利润率会提升，说明公司盈利能力在增强。所以，净利润率比净利润更能说明问题。但是，如果净利润中存在大量非经常性损益、非主营收入，以及所得税变动，这样的净利润率质量会下降，不能完全反映公司业务的盈利状况，这时营业利润率或 EBIT（Earnings Before Interest and Tax，即息税前利润）利润率就是更好的指标。

在上述指标中，销售毛利率、销售净利润率分别说明企业生产过程、经营活动和企业整体的盈利能力，指标值越高则获利能力越强；衡量上述盈利指标的高低，一般需要通过与同行业其他企业的水平相比较才能得出结论。

净资产收益率

净资产收益率＝净利润/平均股东权益

致远公司净资产收益率＝637.5/[(3 810＋4 030)/2]＝16.26%

净资产收益率是衡量公司盈利能力的重要指标，是净利润额与平均股东权益的比值，该指标越高，说明投资带来的收益越高；该指标越低，说明企业所有者权益的获利能力越弱。该指标体现了自有资本获得净收益的能力。

净资产收益率可以衡量公司对股东投入资本的利用效率。它弥补了每股税后利润指标的不足。例如，在公司对原有股东送红股后，每股盈利将会下降，从而给投资者造成错觉，以为公司的获利能力下降了，而事实上，公司的获利能力并没有发生变化，这时用净资产收益率来分析公司获利能力就比较适宜。

● 净资产收益率的两种计算方法

净资产收益率有两种计算方法：一种是全面摊薄净资产收益率；另一种是加权平均净资产收益率。不同的计算方法得出不同的净资产收益率指标结果，那么如何选择计算净资产收益率的方法就显得尤为重要。

两种计算方法得出的净资产收益率指标的性质比较如下：

全面摊薄净资产收益率＝报告期净利润÷期末净资产

加权平均净资产收益率＝报告期净利润÷平均净资产

在全面摊薄净资产收益率计算公式中，分子是时期数列，分母是时点数列。很显然分子分母是两个性质不同但有一定联系的总量指标，两者相除得出的净资产收益率指标是强度指标，用来反映现象的强度，说明期末单位净资产对经营净利润的分享。

在加权平均净资产收益率计算公式中，分子净利润是由分母净资产提供的，净资产的增加或减少将引起净利润的增加或减少。根据平均指标的特征可以判断，通过加权平均净资产收益率计算公式计算出的结果是平均指标，说明单位净资产创造净利润的一般水平。

资产报酬率

资产报酬率＝净利润/资产平均总额×100％

致远公司资产报酬率＝637.5/[（9 050＋9 920）/2]＝6.72％

资产报酬率主要用来衡量企业利用资产获取利润的能力，反映了企业总资产的利用效率，表示企业每单位资产能获得净利润的数量。这一比率越高，说明企业全部资产的盈利能力越强。该指标与净利润率成正比，与资产平均总额成反比。

资本保值增值率

资本保值增值率＝期末所有者权益总额/期初所有者权益总额

致远公司资本保值增值率＝4 030/3 810＝1.06

资本保值增值率是企业期末所有者权益总额与期初所有者权益总额的

比率。资本保值增值率表示企业当年资本在企业自身努力经营下的实际增减变动情况。该指标反映了投资者投入企业的资本的保全性和增长性，该指标越高，表明企业的资本保全状况越好，所有者的权益增长越好，债权人的债务越有保障，企业发展后劲越强。一般情况下，资本保值增值率大于1，表明所有者权益增加，企业增值能力较强。需要注意的是，在实际分析时应考虑企业利润分配情况及通货膨胀因素对该指标的影响。

利器之资产管理效率指标分析

资产管理效率是以企业各项资产的周转速度来衡量企业资产的利用效率。周转速度越快，表明企业的各项资产进入生产、销售等经营环节的速度越快，那么其形成收入和利润的周期就越短，经营效率自然就越高。一般来说，资产管理效率可用以下五个指标来衡量：

应收账款周转率

应收账款周转率＝赊销收入净额/应收账款平均余额

致远公司应收账款周转率＝9 000/[（1 600＋2 000）/2]＝5

公司的应收账款在流动资产中具有举足轻重的地位。公司的应收账款如能及时收回，公司的资金使用效率便能大幅提高。应收账款周转率就是反映公司应收账款周转速度的比率。它说明一定期间内公司应收账款转为现金的平均次数。用时间表示的应收账款周转速度为应收账款周转天数，也称平均应收账款回收期或平均收现期。它表示公司从获得应收账款的权利到收回款项、变成现金所需要的时间。

一般来说，应收账款周转率越高越好，较高的应收账款周转率表明公司收账速度快，平均收账期短，坏账损失少，资产流动快，偿债能力强。与之相对应，应收账款周转天数则是越短越好。如果公司实际收回账款的天数超过了公司规定的应收账款天数，则说明债务人拖欠时间长，资信度低，增大了发生坏账损失的风险；同时也说明公司催收账款不力，使资产形成了呆账甚至坏账，造成了流动资产呆滞，这对公司正常的生产经营是很不利的。另一方面，如果公司的应收账款周转天数太短，则表明公司奉行紧缩的信用政策，付款条件过于苛刻，这样会限制企业销售量的扩大，特别是当这种限制的代价（机会收益）大于赊销成本时，会影响企业的盈利水平。

存货周转率

存货周转率＝销售成本/存货平均余额

致远公司存货周转率＝7 350/[(2 190＋2 180)/2]＝ 3.36

存货周转率是企业一定时期销货成本与平均存货余额的比率。该指标用于反映存货的周转速度,即存货的流动性及存货资金占用量是否合理,促使企业在保证生产经营连续性的同时,提高资金的使用效率,增强企业的短期偿债能力。

存货周转率(次数)＝销货成本÷平均存货余额

平均存货余额＝(期初存货＋期末存货)÷2

存货周转天数＝计算期天数÷存货周转率(次数)

＝计算期天数×平均存货余额÷销货成本

一般来讲，存货周转速度越快（即存货周转率或存货周转次数越大、存货周转天数越短），存货占用水平越低，流动性越强，存货转化为现金或应收账款的速度就越快，这样会增强企业的短期偿债能力和获利能力。

通过分析存货周转速度，有利于找出存货管理中存在的问题，尽可能降低资金占用水平。

存货周转率反映了企业的销售效率和存货使用效率。在正常情况下，如果企业经营顺利，存货周转率越高，说明企业存货周转得越快，企业的销售能力越强，营运资金占用在存货上的金额也会越少。

More 反映房地产企业运营效率的
结果指标：净存货周转率

净存货周转率是反映房地产企业运营效率的结果指标。该指标类似于存货周转率，只是由于房地产企业预售业务的特殊性，需要扣除预收账款之后，计算其净存货周转率。图 3-1 为标杆房地产企业近几年的净存货周转率。

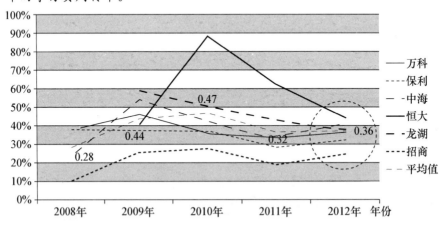

图 3-1　杠杆房地产企业净存货周转率近 5 年趋势

指标说明：净存货周转率＝营业成本/{[［期初存货－期初预收账款×（1－毛利率）]＋［期末存货－期末预收账款×（1－毛利率）]]/2}
数据来源：2012 年上市房地产企业年报。

流动资产周转率

流动资产周转率＝销售收入净额/流动资产平均余额

致远公司流动资产周转率＝9 000/[(7 130＋7 960)/2]＝1.19

流动资产周转率反映了企业流动资产的周转速度，是从企业全部资产中流动性最强的流动资产角度对企业资产的利用效率进行分析，以进一步揭示影响企业资产质量的主要因素。要实现该指标的良性变动，应以主营业务收入增幅高于流动资产增幅做保证。通过该指标的对比分析，可以促进企业加强内部管理，充分有效地利用流动资产，如降低成本、调动暂时闲置的货币资金用于短期投资创造收益等；还可以促进企业采取措施扩大销售，提高流动资产的综合使用效率。一般情况下，该指标越高，表明企业流动资产周转速度越快，利用越好。在较快的周转速度下，会相对节约流动资产，相当于流动资产投入的增加，在一定程度上增强了企业的盈利能力；而周转速度慢，则意味着需要补充流动资金参加周转，会形成资金浪费，降低企业的盈利能力。

固定资产周转率

固定资产周转率＝销售收入净额/固定资产平均净值

致远公司固定资产周转率＝9 000/[(920＋960)/2]＝9.57

固定资产周转率主要用于分析对厂房、设备等固定资产的利用效率。该比率越高，说明固定资产利用率越高，管理水平越好。如果固定资产周转率与同行业平均水平相比偏低，则说明企业对固定资产的利用率较低，可能会影响企业的获利能力。

总资产周转率

总资产周转率＝销售收入净额/总资产平均值

致远公司总资产周转率＝9 000/[(9 050＋9 920)/2]＝0.95

总资产周转率是综合评价企业全部资产的经营质量和利用效率的重要指标。总资产周转率越大，说明总资产周转越快，销售能力越强。企业可以通过薄利多销的办法，加速资产的周转，带来利润绝对额的增加。

总资产周转率是考察企业资产运营效率的一项重要指标，体现了企业经营期间全部资产从投入到产出的流转速度，反映了企业全部资产的管理质量和利用效率。通过该指标的对比分析，可以反映企业本年度以及以前年度总资产的运营效率和变化，发现企业与同类企业在资产利用上的差距，促进企业挖掘潜力、积极创收、提高产品市场占有率、提高资产利用效率。一般情况下，该指标数值越高，表明企业总资产周转速度越快，销售能力越强，资产利用效率越高。

上述这些周转率指标的分子、分母分别来自利润表和资产负债表，而资产负债表数据是某一时点的静态数据，利润表数据则是整个报告期的动态数据，所以为了使分子、分母在时间上具有一致性，就必须将取自资产负债表的数据折算成整个报告期的平均额。通常来讲，上述指标越高，说明企业的经营效率越高。但数量只能说明一个方面的问题，在进行分析时，还应注意各资产项目的组成结构，如各种类型存货的相互搭配、存货的质量、适用性等。

利器之现金管理效率指标分析

对企业来说，现金为王。充足的现金流量能够保证公司的日常经营和投资。因此对于企业来讲现金的分析尤为重要。

现金流量充足率

$$\frac{现金流量}{充足率} = \frac{经营活动产生的现金净流量}{购建固定资产现金流出＋偿还借款现金流出＋支付现金股利}$$

致远公司现金流量充足率＝650/(50＋400＋0)＝1.44

若现金流量充足率大于1，表明企业经营活动产生的现金流量足以更换陈旧、报废的固定资产、偿还债务和发放现金股利。反之，若现金流量充足率小于1，则表明企业经营活动产生的现金流量不足以更换陈旧、报废的固定资产、偿还债务和发放现金股利。从另一个角度看，如果现金流量充足率计算公式的分子大于分母，差额部分代表自主性现金流量。这种性质的现金流量提高了企业的流动性和财务弹性。

华人首富李嘉诚在企业经营中非常重视现金流量的充足率，他说：

"旱时，要备船以待涝；涝时，要备车以待旱。一家公司即使有盈利，也可以破产，一家公司的现金流是正数的话，便不容易倒闭。"

销售收入的现金含量比率

$$销售收入的现金含量比率 = \frac{经营活动产生的现金净流量}{销售收入}$$

致远公司销售收入的现金含量比率＝8 200/9 000＝0.91

该比率越高，表明企业通过销售商品或提供劳务创造现金净流量的能力越高。销售收入的质量越高，发生坏账损失的风险越小。

① 现金是企业的"血液"

现金是企业的"血液"，是企业赖以生存和发展的基础。企业资金充裕不仅可以及时偿还债务，支付职工薪酬，而且还可以满足企业的日常生产经营和对外扩张的需要。反之，资金短缺，轻则影响企业的正常运转和生产经营等，重则危及企业的生存与发展。企业在生产经营方面的很多问题都和资金管理息息相关。例如，如何降低库存是管理中极为关键的问题，而降低库存的一个主要目的就是盘活资金。

为了获得更多的资金用于满足生产经营的需要，向银行贷款几乎是企业的必经之路，但银行贷款的利息又使企业的财务费用急剧上升。即便是可以通过二级市场进行融资的股份制上市公司，也依然要面对投资回报的问题。企业一方面要保持资金适当的流动性以应付到期的债务；另一方面又必须有效地降低资金占用成本。究其根本，还是如何盘活资金，提高资金使用效率的问题。提高资金使用效率，从根本上还是优化企业各项有形资产和无形资产的结构问题。企业的资金中最重要的是流动资金，因此必须保持充足的流动资金。衡量企业资金的使用效率，一个简单的办法就是，分析流动资金和流动负债的比率关系，当流动负债/流动资金大于1.5时，说明对企业的经营状况要引起足够的重视了，需要尽快回笼流动资金，补充血液；如果在1.5之内，则企业的资金流没有问题，资金的使用效率较高，可以放开去运营。

② 现金流量比传统的利润指标更能说明企业的盈利质量

现金流量比传统的利润指标更能说明企业的盈利质量。首先，针对利用增加投资收益等非营业活动操纵利润的缺陷，现金流量只计算营业利润而将非经常性收益剔除在外。其次，会计利润是按照权责发生制原则确定的，可以通过虚假销售、提前确认销售、扩大赊销范围或者关联交易调节利润，而现金流量是根据收付实现制原则确定的，上述调节利润的方法无法取得现金因而不能增加现金流量。可见，现金流量指标可以弥补利润指标在反映公司真实盈利能力上的缺陷。美国安然（Enron）公司破产以及新加坡上市的亚洲金光纸业（APP）公司沦为垃圾公司的一个重要原因就是现金流量恶化，只有那些能迅速转化为现金的收益才是货真价实的利润。对高收益低现金流的公司，要特别注意的是公司的收益可能是通过一次性的方式取得的，而且是通过会计科目的调整实现的，并没有收到现金，这样的公司很可能存在未来业绩急剧下滑的风险。

利器之估值指标分析

随着资本市场的蓬勃发展，结合资本市场价值的财务比率受到投资者的广泛关注。通过计算估值指标能够帮助投资者对上市公司的内涵价值有一个大致的了解。主要的估值指标有每股收益、每股股利、市盈率、每股净资产、市净率等。

每股收益

对于持有上市公司股票的股民来说，需要关注的最基本的指标是每股收益。所谓每股收益，是指企业净收益与发行在外普通股股数的比率。它反映了某一期间内企业平均每股普通股获得的收益，可以评价普通股持有者获得报酬的程度。

$$普通股每股收益＝（税后利润－优先股股利）/普通股流通股数$$

从每股收益计算的公式可以看出：

（1）属于普通股的净利润（即企业净利润—优先股股利）与每股收益成正比例关系，企业的净利润越高，每股收益就越大。

（2）企业普通股股数与每股收益成反比例关系，企业发行的股份越

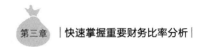

多，在净利润一定的情况下，每股收益就越低。像分蛋糕一样，蛋糕大小若固定，分的人多，每个人分到的自然就少。

每股收益作为评价上市公司盈利能力的核心指标，其作用主要有：

（1）每股收益指标反映了企业的获利能力，决定了股东的收益水平，每一股股票在本期获得的收益一目了然，便于股民选择投资哪类和哪只股票。

（2）每股收益是确定企业股票价格的主要参考指标。虽然股票价格受市场资金供求、证券市场行情等多种因素的影响，但最终都要回归到企业的盈利能力，只有真正效益好的企业才会被投资者长期接受。所以，作为企业盈利状态的"温度计"，每股收益也同时决定着企业股价的高低。

（3）通过对某一企业连续若干年的每股收益变动状况及其趋势进行分析，能够帮助投资者了解企业投资报酬在较长时期的变动规律，从而确定是否需要长期持有该股票。

（4）通过对同一行业不同企业间每股收益的比较分析，能够帮助投资者确认自己关注的企业的指标值在同业中的位置，从而在考虑市场影响因素的情况下，对所投资企业的盈利能力做出更客观的判断。

每股股利

普通股每股股利＝普通股股利总额/普通股流通股数

　　普通股股利是投资者获得投资收益的方式之一。按照公司价值评估理论的股利折现模型，公司的价值取决于未来的股利发放能力。每股股利的高低一方面取决于公司获利能力的强弱，另一方面还受到股利发放政策与利润分配的影响。例如，处于朝阳产业的公司为了扩大再生产、增强发展后劲，可能采取保守的股利政策，而处于夕阳产业的公司可能由于缺乏投资机会而派发较多的每股股利。

市盈率

　　市盈率是普通股每股市价与普通股每股收益的比率。即普通股每股市价相当于每股收益的倍数，反映的是投资者对上市公司每元净利润愿意支付的价格，可以用来估计股票的投资报酬和风险，其计算公式为：

$$市盈率＝每股市价/每股收益×100\%$$

　　市盈率是反映上市公司获利能力的一个重要财务指标。一般来说，市盈率高，说明投资者对企业的发展前景看好，愿意出较高的价格购买该公司股票，所以一些成长性较好的高科技公司股票的市盈率通常要高一些。值得注意的是，如果某一股票的市盈率过高，也意味着这只股票具有较高的投资风险。影响公司股票市盈率的因素主要有：

　　（1）上市公司盈利能力的成长性。如果一家上市公司预期未来的盈利能力将不断提高，说明公司具有较好的成长性，虽然目前市盈率较高，也值得投资者进行投资，因为上市公司的市盈率会随公司盈利能力的提高而不断下降。

（2）投资者所获报酬率的稳定性。如果上市公司的经营效益良好且相对稳定，则投资者获取的收益也较高且较稳定，投资者就愿意持有该公司的股票，该公司股票的市盈率会由于众多投资者的普遍看好而相应提高。

（3）市盈率也受到利率水平变动的影响。当市场利率水平变化时，市盈率也应做相应的调整。

上市公司的市盈率一直是广大股票投资者进行中长期投资选股时的主要指标。但是，在对市盈率指标进行分析时应注意如下问题：

（1）该指标不宜用于不同行业的公司之间的比较，行业不同，其每股收益差别就比较大，市盈率也就不具有可比性。

（2）当每股收益非常低时，可能会计算出一个没有多少实际意义的高市盈率，这时候这一指标就失去了作为参考的价值。

每股净资产

每股净资产＝(股东权益－优先股权益)/普通股总数

每股净资产通常被认为是股价下跌的底线，如果股价低于每股净资产，那么一般而言，公司的发展前景极度堪忧。每股净资产是上市公司实力的体现，原因如下：

（1）每股净资产反映了每股股票代表的公司净资产价值。任何一家企业的经营都是以其净资产为起点和基础的。如果一家企业负债过多而实际拥有的净资产很少，就意味着其经营成果的绝大部分都将用来还债，一旦负债过多出现资不抵债的现象，企业将会面临破产的危险。所以，了解一家上市公司是否确实拥有经济实力，需要分析其每股净资产。

（2）每股净资产是支撑股票市场价格的重要基础。每股净资产值越大，表明公司每股股票代表的财富越雄厚，通常创造利润的能力和抵御外来因素影响的能力也越强。这样公司的发展潜力也越大，投资者所承担的投资风险也越低。

因此，我们在利用每股净资产来分析企业的发展潜力时，特别要关注每股净资产的"含金量"。

市净率

市净率＝普通股每股市价/普通股每股净资产

每股净资产是股票的账面价值，它主要是以历史成本计量的，而每股市价是这些资产的现行价值，它是证券市场上交易的结果。一般而言，市价高出账面价值时企业资产的质量较好，有发展潜力，未来创造剩余收益的能力较强；反之则资产质量差，没有发展前景。优质股票的市价都超出每股净资产许多，一般来说市净率达到3可以树立较好的公司形象。市价低于每股净资产的股票，就像售价低于成本的商品一样，属于"处理品"。当然，"处理品"也并非没有投资价值，问题在于该公司今后是否有转机，或者购入后经过资产重组能否提高获利能力。

在分析上市公司市净率时，需要注意如下问题：

（1）我们分析的是一个动态的企业，所以要动态地分析这一指标。例如，受股票市场整体情况的影响，一家企业有可能两年内股票价格变化不大，但是企业去年盈利，盈利就增加企业净资产，相应地增加了每股净资产，这样去年的市净率就比较低，而企业今年亏损，亏损会减少企业净资产，从而降低每股净资产，这样反而使今年的市净率提高了。这就是一种假象。所以，要动态地分析市净率中的每股净资产。

（2）与市盈率指标不同，市净率主要从股票的账面价值角度考虑企业的发展潜力，而市盈率指标主要从股票的盈利性角度考虑企业的发展潜力。

利器之持续发展能力指标分析

在实际经营中，我们更为关心的可能还是企业未来的盈利能力，即成长性，也称持续发展能力。成长性好的企业具有更广阔的发展前景，因而更能吸引投资者。一般来说，可以通过企业在过去几年中销售收入、销售利润、净利润等指标的增长幅度来预测其未来的发展前景。

销售收入增长率

$$销售收入增长率 = \frac{本期销售收入 - 上期销售收入}{上期销售收入} \times 100\%$$

营业利润增长率

$$营业利润增长率 = \frac{本期营业利润 - 上期营业利润}{上期营业利润} \times 100\%$$

净利润增长率

$$净利润增长率 = \frac{本期净利润 - 上期净利润}{上期净利润} \times 100\%$$

在评价企业成长性时，最好掌握该企业连续若干年的数据，以保证对其获利能力、经营效率、财务风险和成长性趋势的综合判断更加精确。

案例 房地产企业运营效率分析

据统计，有着"暴利"之称的房地产行业，其周转率却在各行业中排名倒数第二，造成这一结果的原因不单有远高于国外同行业的杠杆率，更重要的是稳定而丰厚的利润率。然而，随着房地产行业环境的不断变化，地价日益上涨，成本上升，以及金融改革推进利率市场化，房地产企业的利润空间处于下降通道，其运营效率也在发生着变化。

这里结合标杆房地产企业年报，选取了万科、保利、中海、恒大、龙湖与招商6家标杆房地产企业作为行业代表，从运营效率、业绩、生产与土地等维度对房地产企业的运营效率进行分析（见图3-2）。

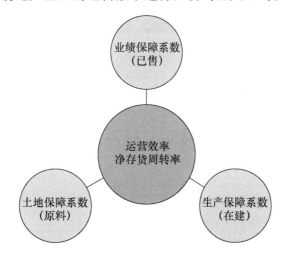

图3-2 房地产企业运营效率指标

说明：1. 业绩保障系数＝预收账款/营业收入；
2. 生产保障系数＝期末在建面积/年度销售面积；
3. 土地保障系数＝年末土地面积/年度销售的土地面积。

对于房地产企业来讲，应重点关注三个系数（见图3-2），这三个系数是跳出财务看财务的代表性指标，据此可以分析房地产企业未来的发展空间、潜力和盈利能力。除此以外，还可以通过其他概览性指标来分析房地产企业的运营（见图3-3）。

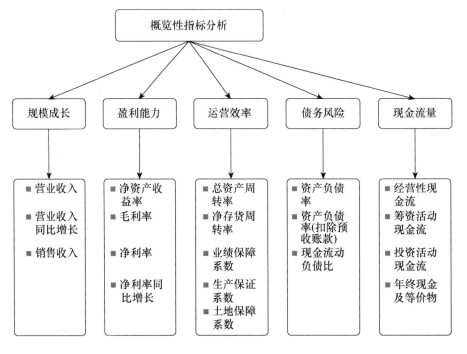

图 3-3　房地产企业概览性指标分析示意图

① 业绩保障系数：持续提前锁定业绩

由于房地产行业实行预售制度，可以通过当年的预收账款和营业收入的比较，即业绩保障系数反映出房地产企业对来年的业绩保障情况。业绩保障系数越大，说明企业未来年度的业绩越有保障。标杆房地产企业业绩保障系数的比较分析如图3-4所示。

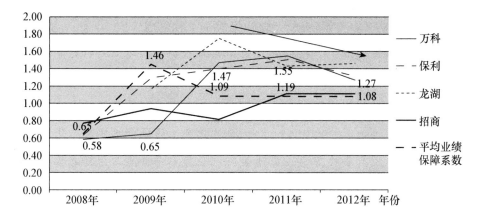

图 3-4 标杆房地产企业业绩保障系数的比较分析

数据来源：2012 年上市房地产企业年报。

在 2008 年金融危机时期，大多数房地产企业的销售受到严重影响，其业绩保障系数大多在 0.6～0.7 左右，业绩难以得到保障及提前锁定。后续随着经济大环境的改善，大多数标杆企业选择了促进销售、消化库存、优化运营的经营策略，业绩保障系数大多保持在高位，该系数值多超过 1.0，反映出当前市场需求的扩张和近年行业普遍执行的快周转策略，说明房地产企业未来年度的业绩将更有保障。标杆房地产企业业绩保障系数持续高位锁定的背后，是快速调整经营计划、踏准市场节奏的运营管理能力的体现。

② 生产保障系数：掌握产销匹配的直接体现

衡量企业对未来年度的生产供应情况，可以通过年末在建面积和销售面积的比较，即生产保障系数进行分析。这里选取了万科、保利、招商与行业前 10 强的平均水平进行比较分析，如图 3-5 所示。

从图 3-5 可知，2012 年，万科的生产保障系数是 1.75，意味着减去当年已经销售的面积，可以支撑 0.75 年（即 9 个月）的后续销售；招商的生产效率经过多年提升，已经接近万科的生产效率。

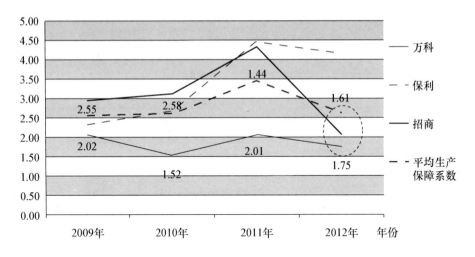

图 3-5　标杆房地产企业生产保障系数的比较分析

数据来源：2012 年上市房地产企业年报。

较低的生产保障系数要求企业具有更高的运营效率，才能保障产销匹配有效衔接，保障经营的持续稳定。万科生产保障系数长期低于行业平均值，可谓敏捷生产、精准运营的楷模。招商这两年内部全面提速提效，加快项目建设及销售进度；在 2012 年度其生产保障系数达到万科水平，直接体现了其运营效率的提升。

❸ 土地保障系数：持续降低，结构优化

随着拿地的竞争日益激烈，土地红利逐步降低，行业政策趋向严格，过度的土地储备会带来企业资本积压甚至导致经营的高风险。通过年末土地储备面积和年度销售面积的比较（即土地保障系数），可以分析企业的"面粉—面包"的供应匹配情况。如图 3-6 所示。

从图 3-6 可以看出，行业的土地保障系数在逐步下降。万科的土地保障系数下降趋势明显，达到 2.75，而 6 家企业的均值在 5.72 左右，其中的巨大差距令人深思。

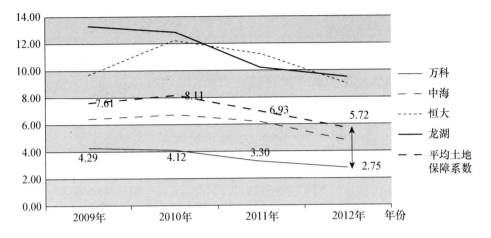

图 3-6　标杆房地产企业土地保障系数的比较分析

说明：平均土地保障系数取值于前述 6 家标杆企业。

在土地保障系数持续降低的背后，是诸多企业结合战略布局、市场需求，进行土地结构的调整和优化。

④ **恒大原料和生产脱节，业绩保障过低**

恒大地产重点在二线、三线城市发展，前几年在踏准市场节奏的情况下，业绩得到了快速增长，2010 年其营业收入同比增长 700%。但随着行业热点逐步向一线城市转移，市场热点朝着刚需与改善性需求发展，目前恒大增长乏力。

从图 3-7 可以看出，恒大业绩保障系数在 2010 年以后一直处于较低水平，土地保障系数居高不下，原料、生产、销售三大环节脱节明显。

恒大目前土地储备过多集中于二、三、四线城市，其内部也意识到需要对土地储备结构进行优化，在 2012 年度，恒大其适度补充优质土地储备，年内同比净增长 2.4%（其土地储备基数很大），净增 334.1 万平方米，以维持消耗与补充。并且在其内部正在逐步进行战略布局和产品结构的调整。

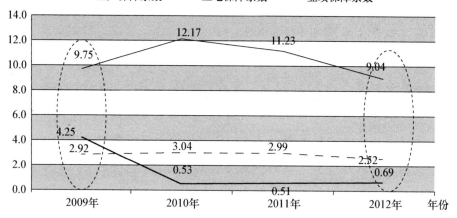

图 3-7 恒大业绩、生产、土地保障系数的比较分析

数据来源：2012 年上市房地产企业年报。

03

举一反三，融会贯通
——财务报表综合分析

会计有职业的怀疑态度，怀疑产生思想，才会发现问题

会计喜欢收钱，不喜欢付钱

会计对税务局：人生如棋，重在谋局

会计是循规蹈矩

会计对自己持有钱的理解：拥有越多，反而越不幸

会计计算的一个数字错了，就会发生多米诺骨牌

会计要自律，自律到苛刻

会计说：最大的破产是绝望，最大的财产是希望

会计目标宜远大，行事需量力

会计不但关注当下，更关注未来

会计做人：善也要有棱角

第四章

收入分析

本章导航

销售收入分析

销售收入结构分析

销售数量分析

销售单价分析

各产品对毛利的贡献分析

在本章中，我们将以山东致远电子有限公司和山东致远地产有限公司为例，分析各产品的收入、毛利、利润，并以此分析得出结论。表 4-1、表 4-2 分别为致远电子公司上年及本年销售情况。

表 4-1　　　　　　　　山东致远电子有限公司上年销售情况

产品名称	销售收入	销售成本	销售数量	销售单价	单位成本	销售收入占比	销售成本率
A	28 000 000	23 000 000	9 500	2 947.37	2 421.05	33.73%	82.14%
B	25 000 000	22 000 000	12 000	2 083.33	1 833.33	30.12%	88.00%
C	18 000 000	16 000 000	4 600	3 913.04	3 478.26	21.69%	88.89%
D	12 000 000	9 000 000	2 600	4 615.38	3 461.54	14.46%	75.00%
合计	83 000 000	70 000 000	28 700	2 891.99		100.00%	84.34%

表 4-2　　　　　　　　山东致远电子有限公司本年销售情况

产品名称	销售收入	销售成本	销售毛利	销售数量	销售单价	单位成本	销售成本率	销售毛利率	销售收入占比	毛利占比
A	30 000 000	26 000 000	4 000 000	10 000	3 000	2 600	86.67%	13.33%	33.33%	24.24%
B	22 000 000	21 500 000	500 000	13 000	1 692	1 654	97.73%	2.27%	24.44%	3.03%
C	20 000 000	17 000 000	3 000 000	4 800	4 167	3 542	85.00%	15.00%	22.22%	18.18%
D	18 000 000	9 000 000	9 000 000	3 000	6 000	3 000	50.00%	50.00%	20.00%	54.55%
合计	90 000 000	73 500 000	16 500 000	30 800	2 922		81.67%	18.33%	100.00%	100.00%

从表 4-2 可以看出，四种产品中对公司毛利贡献最大的是 D 产品，其次是 A、C 产品，贡献最小的是 B 产品。从毛利率的比较来看，D 产品的

毛利率最高，达到 50％；从毛利的绝对值的贡献来看，D 产品的贡献也是最大的，贡献了 54.55％。因此 D 产品属于高附加值、科技含量高的产品，B 产品属于淘汰产品。

销售收入结构分析

致远电子有限公司上年销售收入结构如图 4-1 所示。

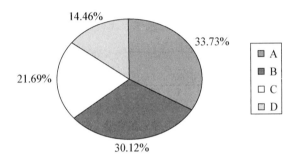

图 4-1　上年各产品收入所占比重

致远电子有限公司本年销售收入结构如图 4-2 所示。

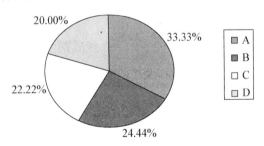

图 4-2　本年各产品收入所占比重

从销售收入结构看，本年 D 产品的销售收入增加了约 6 个百分点，而 B 产品的销售收入减少了约 6 个百分点。可见公司正逐步提高 D 产品的产量和销售价格，并且逐步压缩 B 产品的产量。

销售收入对比分析

致远电子有限公司销售收入对比如图 4-3 所示。

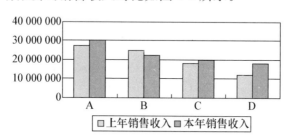

图 4-3　各产品销售收入对比图

从上图可以看出，企业本年度在产品的选择上进行了创新和改变，提高了 A 产品和 D 产品的产能，原因是这两种产品毛利率高，会直接影响企业的利润。

销售数量对比分析

致远电子有限公司销售数量对比如图 4-4 所示。

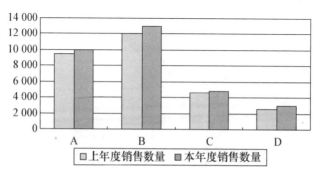

图 4-4　各产品销售数量对比图

结合表 4-1、表 4-2 和图 4-4 可以看出，D 产品销售数量、销售收入逐年提高，幅度较大，而 B 产品虽然数量有所增加，但无奈价格提不上去，收入占比却比去年有所降低。

销售单价对比分析

致远电子有限公司销售单价对比如图 4-5 所示。

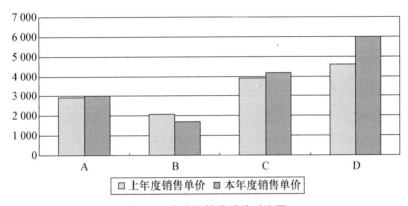

图 4-5　各产品销售单价对比图

从上图可以看出，D 产品销售单价本年度比上年度有大幅提高，而 B 产品的销售单价却有所下降。

各产品对公司毛利的贡献比较分析

各产品对公司毛利的贡献比较如图 4-6 所示。

从图 4-6 可以看出，D 产品以 20％的销售收入比重贡献了 54.55％的毛利，而 B 产品 24.44％的销售收入比重，仅贡献了 3.03％的毛利，说明公司应该逐步减少甚至淘汰 B 产品，而 D 产品是技术含量较高的产品，公司应该积极加大 D 产品的投入，增加产量，提高效益。

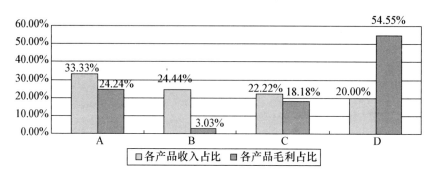

图 4-6　各产品对公司毛利的贡献比较图

案例　山东致远地产有限公司收入分析

山东致远地产有限公司本年度基本情况：小区占地面积 100 000 平方米，建筑面积 90 000 平方米，容积率为 0.9。一期开发面积为 40 000 平方米，销售 25 000 平方米，销售收入为 9 000 万元。

致远地产有限公司的利润表如表 4-3 所示：

表 4-3 　　　　　　　　　　　　利润表

单位：山东致远地产有限公司　　　2014 年 12 月 31 日　　　　　会房 02 表

单位：元

项目	行次	本月数	本年累计数
一、主营业务收入	1	8 800 000.00	90 000 000.00
减：主营业务成本	2	5 800 000.00	69 495 000.00
营业税金及附加		488 400.00	4 995 000.00
二、主营业务利润	4	2 511 600.00	15 510 000.00
减：销售费用	6	350 000.00	3 000 000.00
管理费用	7	250 000.00	4 000 000.00

续表

项目	行次	本月数	本年累计数
财务费用	8	10 000.00	10 000.00
四、利润总额	13	1 901 600.00	8 500 000.00
减：所得税	14	475 400.00	2 125 000.00
五、净利润	15	1 426 200.00	6 375 000.00

说明：1. 制造业的主要流转税缴纳增值税，而增值税属于价外税，缴纳的税金在利润表上无法体现，而房地产行业主要的流转税缴纳营业税，缴纳的营业税及附加体现在利润表上。

2. 房地产行业占用资金很大，建设周期较长，一般把财务费用资本化，进入产品成本。利润表中的财务费用是电汇手续费、网上银行年费等。

3. 房地产行业预计 2015 年 10 月开始"营改增"，增值税属于价外税，缴纳的税金在利润表上不体现。"营改增"对本书房地产行业财务分析的影响很小。

① 各户型销售面积、收入、单价比较

各户型销售面积、收入、单价比较如表 4-4、图 4-7 所示。

表 4-4 　　　　　　　　　　各户型销售面积、收入、单价比较

户型	面积（平方米）	销售收入（元）	单价（元）
多层	8 000.00	22 000 000.00	2 750.00
小高层	8 800.00	26 000 000.00	2 954.55
商铺	1 700.00	6 000 000.00	3 529.41
别墅	6 500.00	36 000 000.00	5 538.46
合计	25 000.00	90 000 000.00	3 600.00

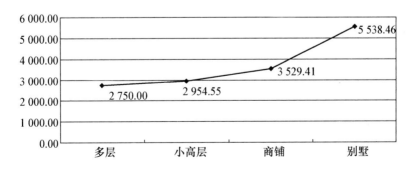

图 4-7　各户型销售单价比较

从图 4-7 可以看出，别墅的销售单价是最高的，商铺次之，多层售价最低。

② 各户型收入及毛利贡献率比较

各户型收入及毛利贡献率比较如表 4-5、图 4-8 所示。

表 4-5　　　　　　　　　各户型收入及毛利贡献率比较

户型	多层	小高层	商铺	别墅	合计
收入（元）	22 000 000	26 000 000	6 000 000	36 000 000	90 000 000
收入比	24.44%	28.89%	6.67%	40.00%	100.00%
毛利（元）	2 000 000	2 500 000	1 510 000	9 500 000	15 510 000
毛利比	12.89%	16.12%	9.74%	61.25%	100%

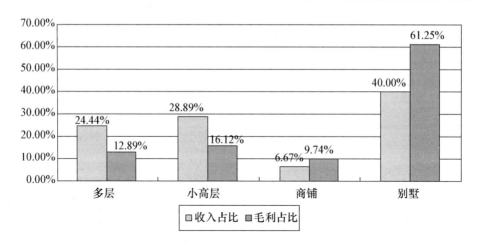

图 4-8　各户型收入及毛利贡献率比较

从表 4-5、图 4-8 可以看出，多层住宅收入占比 24.44%，但是对公司毛利的贡献仅仅为 12.89%。而商铺收入占比 6.67%，对公司毛利的贡献为 9.74%。别墅收入占比 40%，但对公司毛利的贡献为 61.25%。说明别墅这种户型对公司全部毛利的贡献最大。

　　当然，标杆房地产企业追求均好性，不追求单项冠军，目标是全能冠军。规划的面积既要满足容积率，又要达到去化率快的目的；既要设计出得房率高、户型好的房子，又要达到公司利润最大化的要求。因此，房地产公司追求的是综合收益。

智 慧 阅 读 财 务 报 表 ■ ■ ■ ■ ■ ➡

第五章
成本分析

本 章 导 航

销售成本对比分析

销售成本率对比分析

单位成本对比分析

产品成本计算分析

成本比重分析

本章沿用第四章中山东致远电子有限公司的相关数据进行成本分析。

销售成本对比分析

各产品本年与上年销售成本对比如图 5-1 所示。

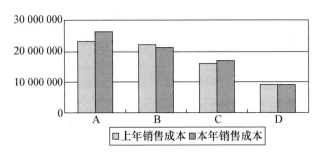

图 5-1　各产品本年与上年销售成本对比图

销售成本率对比分析

各产品本年与上年销售成本率对比如图 5-2 所示。

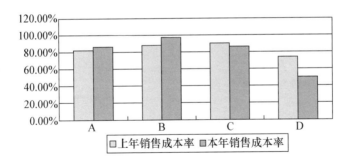

图 5-2　各产品本年与上年销售成本年对比图

从图 5-2 可以看出，B 产品的销售成本率逐年上升，达到 97％；D 产品销售成本率仅为 50％；A、C 两种产品适中。B 产品步履维艰地生存着，实际上是靠其他产品的利润度日。

单位成本对比分析

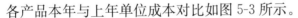

各产品本年与上年单位成本对比如图 5-3 所示。

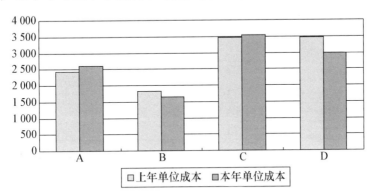

图 5-3　各产品本年与上年单位成本对比图

从图 5-3 可以看出，A、C 两种产品单位成本提高，B、D 两种产品单位成本降低，但 D 产品降低幅度更大，而 B 产品因销售单价也同时降低，毛利并没有随单位成本的降低而提高。

产品成本计算分析

产品成本计算表如表 5-1、表 5-2 所示。

表 5-1 产品成本计算表（1）

单位：元

项目	期初数	直接材料	直接人工	制造费用	其他	合计
A	2 000 000	19 000 000	3 000 000	2 000 000	1 000 000	25 000 000
B	1 000 000	17 500 000	2 500 000	1 900 000	800 000	22 700 000
C	500 000	15 000 000	1 500 000	1 200 000	600 000	18 300 000
D	500 000	8 000 000	500 000	300 000	100 000	8 900 000
合计	4 000 000	59 500 000	7 500 000	5 400 000	2 500 000	74 900 000

表 5-2 产品成本计算表（2）

金额单位：元

本期转出	转出数量（台）	单位成本	期末数	直接材料比重	直接人工比重	制造费用比重	其他比重
1 000 000	400	2 500	26 000 000	76.0%	12.0%	8.0%	4.0%
2 200 000	1 500	1 467	21 500 000	77.1%	11.0%	8.4%	3.5%
1 800 000	500	3 600	17 000 000	82.0%	8.2%	6.6%	3.3%
400 000	140	2 857	9 000 000	89.9%	5.6%	3.4%	1.1%
5 400 000	2 540		73 500 000				

从上述计算表中可以看出四种产品的直接材料、直接人工、制造费用、其他费用的比重明细，其中，直接材料比重从76%升至89.9%。D产品材料比重较大，而直接人工和制造费用比重较低，说明 D 产品是高科技产品，自动化程度高、产品附加值高。A、B 两种产品直接人工及制造费用都比较高，产品附加值较低，从成本上看属于应逐步减少生产直至淘汰的产品。但 A 产品从收入的分析上看，对公司的收入贡献及毛利的贡献远

远高于 B 产品，因此，A 产品是可以继续保留的产品。

成本比重分析

各产品成本比重如图 5-4 所示。

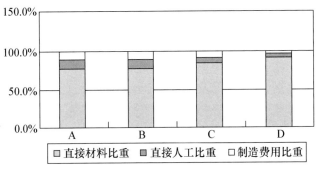

图 5-4　各产品成本比重图

A 产品各项成本比重分析

以 A 产品为例分析各项成本比重，如图 5-5 所示。

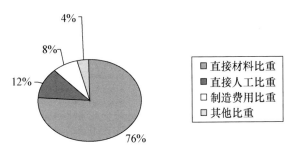

图 5-5　A 产品各成本比重

从上图可以看出，直接材料占比为 76%，直接人工占比为 12%，制造费用占比为8％，其他费用占比为4％。直接材料占了最大的比重，是进行成本控制的重点，制造费用中的折旧属不可控成本，而材料消耗、维修费等是可控成本，也应引起管理当局的高度重视。

案例　山东致远地产有限公司七项成本分析

❶ 开发成本

开发成本包括土地征用及拆迁补偿费、前期工程费、建筑安装工程费、基础设施费、公共配套设施费、开发间接费用和利息支出等。

(1) 土地征用及拆迁补偿费，包括土地征用费、耕地占用税、劳动力安置费及有关地上、地下附着物拆迁补偿的净支出和安置动迁用房支出等。

(2) 前期工程费，包括规划、设计、项目可行性研究和水文、地质、勘察、测绘、"三通一平"等。

(3) 建筑安装工程费，指以出包方式、自营方式支付给承包单位的建筑安装工程费等。

(4) 基础设施费，包括开发小区内的道路、供水、供电、供气、排污、排洪、通讯、照明、环卫、绿化等费用。

(5) 公共配套设施费，指不能有偿转让的开发小区内的公共配套设施发生的支出。

(6) 开发间接费用，包括组织管理开发项目所发生的费用，包括工资、职工福利、折旧费、修理费、办公费、水电费、劳动保护费、周转房摊销等。

(7) 利息支出，由于房地产企业资金需求量大并且建设跨年度，对于

借款利息，通常的做法是不将利息支出作为期间费用管理，而是计入开发成本。

② 成本分摊原则

(1) 土地成本按照占地面积法分摊。

占地面积法指按已动工开发成本对象占地面积占开发用地总面积的比例进行分配。

(2) 基础设施费、公共配套设施费等按照建筑面积法分摊。

建筑面积法指按已动工开发成本对象建筑面积占开发用地总建筑面积的比例进行分配。

(3) 利息支出按照预算造价法分摊。

预算造价法指按期内某一成本对象预算造价占期内全部成本对象预算造价的比例进行分配。

③ 房地产七项成本分析

表 5-3　　　　　　　　　　2014 年度七项成本分析

项　目	金　额（元）	比　重
土地征用及拆迁补偿费	16 000 000.00	23.02%
前期工程费	4 800 000.00	6.91%
建筑安装费	40 000 000.00	57.56%
基础设施费	4 500 000.00	6.48%
公共设施配套费	700 000.00	1.01%
开发间接费	700 000.00	1.01%
利息支出	2 795 000.00	4.02%
合　计	69 495 000.00	100%

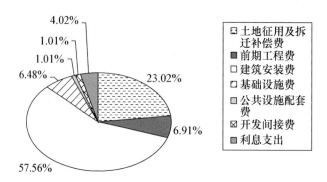

图 5-6　2014 年度七项成本分析

　　从表 5-3、图 5-6 可以看出，房地产企业的土地成本和建安成本所占比重是比较高的，一线城市的土地成本占到开发成本的 60％甚至更多。建安成本是重点管控的对象。

❹ 七项成本单项分析

表 5-4　　　　　　　　　　　　　　前期工程费

项　　目	金　额（元）	比　　重
城市配套费等	2 750 000.00	57.29％
规划技术服务费	80 000.00	1.67％
设计费	250 000.00	5.21％
水文地质勘察测绘费	55 000.00	1.15％
劳保费	230 000.00	4.79％
人防费	585 000.00	12.19％
三通一平	850 000.00	17.71％
合　　计	4 800 000.00	100％

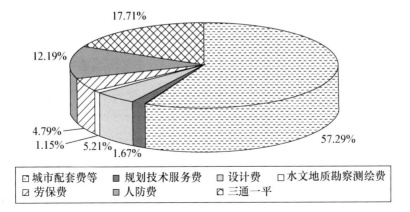

图 5-7 前期工程费务明细费用占比

从图 5-7 可以看出，城市配套费、人防费、三通一平所占比重较大。

表 5-5 建安主体分包工程（占建安成本的 25%~35%）

项 目	金 额（元）	比 重
防水	1 000 000. 00	10. 00％
地暖	1 200 000. 00	12. 00％
涂料	1 600 000. 00	16. 00％
保温	1 000 000. 00	10. 00％
门	1 200 000. 00	12. 00％
窗	1 700 000. 00	17. 00％
智能化	400 000. 00	4. 00％
外墙砖	1 890 000. 00	18. 90％
其他	10 000. 00	0. 10％
合 计	10 000 000. 00	100. 00％

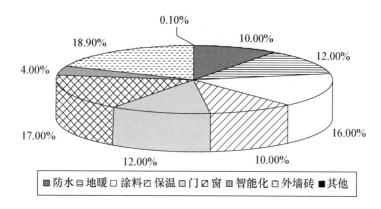

0.10% 10.00% 18.90% 12.00% 4.00% 17.00% 12.00% 10.00% 16.00%

■防水 ▨地暖 ▢涂料 ▨保温 ▨门 ▨窗 ▨智能化 ▢外墙砖 ■其他

图 5-8 建安主体分包工程分项比例示意图

表 5-5 和图 5-8 显示了房地产企业各项分包工程所占的比重。

表 5-6 基础设施费

项　目	金　额（元）	比　重
道路	650 000.00	14.44%
供水	660 000.00	14.67%
供电	700 000.00	15.56%
供气	360 000.00	8.00%
供暖	700 000.00	15.56%
绿化景观	950 000.00	21.11%
围墙	380 000.00	8.44%
其他	100 000.00	2.22%
合　计	4 500 000	100%

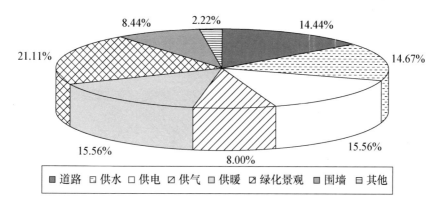

图5-9 基础设施费分项比重示意图

由表5-6、图5-9可以看出，基础设施费中水、电、暖以及绿化景观所占的比重是比较高的。当然，小区定位不同，规划的产品业态不同，景观的投入就会有很大的变化。

表5-7   开发间接费

项　目	金　额（元）	比　重
办公费	100 000.00	14.29％
工资福利奖金	200 000.00	28.57％
水电物业费	200 000.00	28.57％
差旅费	120 000.00	17.14％
其他	80 000.00	11.43％
合　计	700 000.00	100％

从表5-7、图5-10可以看到，人员工资福利、水电费、物业费在开发间接费中占了大头，在此特别提醒，与工程开发现场有关的所有费用，包括人员工资、差旅费、办公费等统统计入开发间接费是有好处的，在土地增值税清算时有节税功能。

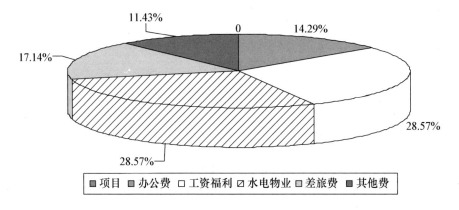

图5-10　开发区接费分项比重示意图

⑤ 各户型总成本归集及成本单价分析

表5-8

单位：元

项目 \ 户型	低　层	小高层	商　铺	别　墅	合　计
土地征用及拆迁补偿费	4 700 000	4 370 000	1 170 000	5 760 000	16 000 000
前期工程费	1 536 000	1 689 600	326 400	1 248 000	4 800 000
建筑安装费	11 000 000	14 000 000	2 200 000	12 800 000	40 000 000
基础设施费	1 440 000	1 584 000	306 000	1 170 000	4 500 000
公共设施配套费	224 000	246 400	47 600	182 000	700 000
开发间接费	224 000	246 400	47 600	182 000	700 000
利息支出	804 000	927 000	172 000	892 000	2 795 000
合　计	19 928 000	23 063 400	4 269 600	22 234 000	69 495 000

表5-9

单位：元

户　型	楼面地价	单位成本
低层	587.50	2 491.00
小高层	496.59	2 620.84
商铺	688.24	2 511.53
别墅	886.15	3 420.62
合　计	640.00	2 779.80

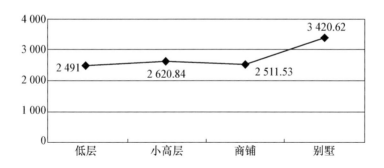

图 5-12 各户型单位成本对比图

从图 5-12 可以看出，别墅的单位成本最高，与土地成本分摊按照占地面积法有关；高层是框架结构，多层是砖混结构，建安成本会略有差异。

案例 地产全成本与销售定价之间的关系

采访人：山东某地产有限公司副总经理、项目总刘世军

问：您最关注的财务指标是什么？

答：一是定价与成本的关系。即在市场行情很不好的时候，我最低定价多少才能保证不赔钱。二是现金流，就是我所管理的项目占用集团多少资金，给集团创造多少利润。

在此需要重点分析第一个问题。

房地产企业的项目全成本可以简单地划分为六项开发成本、三项期间费用和一项税金。即"6＋3＋1"的全成本模式。这个全成本与定价是什么关系呢？

房地产行业的黄金二十年是个"台风来了，猪也会飞"的年代。房价

持续上升，成本变动幅度却不大，这个时候，房地产企业不会关注全成本，定价策略完全按照市场走，去化率过快就加价，去化率慢了就送点赠品或给点折扣，反正怎么卖都有利润。但是，黄金二十年过去了，白银时代却迟迟没有到来。在这个时点，房地产行业的经营发展就必须适应新常态，原来的粗放经营已经没有出路，必须集约化经营。房地产企业不精打细算就会有资金断流的风险，直至破产。

举个例子，某三线城市项目为别墅区，总可售面积为 30 000 平方米，项目全成本单方为 14 000 元，根据市场行情预测，市场定价为 15 000 元/平方米，预计项目单方利润为 1 000 元，项目利润为 3 000 万元。

但实际上市场行情并不好，开盘半年后去化率只有 20%，效果很差。这时候项目全成本决定定价的重要性就显现出来了：售价多少钱才能够不赔不挣（即利润为零）？这时候收入必须能覆盖所有的成本、费用和税金，包括贷款利息。

(1) 若定价 14 500 元，单方利润 500 元，项目利润总额 1 500 万元；

(2) 若定价 14 100 元，单方利润 100 元，项目利润总额 300 万元；

(3) 若定价 14 000 元，这时利润为零！14 000 元即为最低定价。

定价 14 000 元/平方米时收入能覆盖全部成本和费用，利润为零，对公司有利的方面是快速收回货值，归还贷款，节省利息，以备后期寻找机会。不利之处是此项目没有为公司带来贡献，仅仅养活了职工，缴纳了税金，有一定社会效益。

作为项目总，若能够认真关注项目全成本，根据市场情况，灵活调整售价，确保去化率、保证现金流，这样企业在竞争中才会有生命力。

More 房地产企业全成本控制分析

2014年的楼市在第四季度的温暖行情中渐行渐远。2015年国家确定了"稳中求进"的经济总基调，继续实施"积极财政和稳健货币政策"。房地产行业将保持调控的连续性，严格实施差别化住房信贷、税收政策和限购措施，这些无疑对2015年的房地产企业在销售和成本上产生很大的影响。

"台风来了，猪也会飞"的暴利时代已经过去，房地产企业应该做好"过冬"的准备，"现金为王、积极销售、审慎买地、节流、锻炼身体"成为房地产商的5大"过冬"策略。在国家调控的背景下，房地产企业必须强筋健骨，走集约经营、精细化管理的道路。房地产企业如何有效地控制成本、增加利润，笔者从以下几个方面予以解析。

树立全成本概念

房地产企业全成本是一个广义的成本概念，既包含传统意义上的开发成本，也包含期间费用，同时包含税金。即"6＋3＋1"的成本管理模式。

"6"指的是开发成本——土地征用及拆迁补偿费、前期工程费、建筑安装工程费、基础设施费、公共配套设施费、开发间接费用。

"3"指的是管理费用、销售费用、财务费用。

"1"指的是营业税金及附加。

房地产企业专项用于项目工程的贷款利息，符合资本化条件的可予以资本化，计入开发成本。

树立全成本概念是房地产企业实施全成本控制的前提，是建立项目成本责任制的关键，是降低房地产企业成本，实现企业利润最大化的有效途径。

按照"6+3+1"的全成本模式，逐项分析成本可控点及可控成本的操作性

① 开发成本的结构性分析

房地产企业的开发成本按照对客户的敏感性可以划分为三部分，一是结构性成本，二是功能性成本，三是敏感性成本。如图5-13所示。

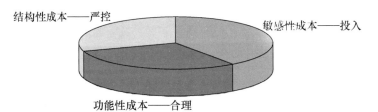

图5-13 房地产企业开发成本构成

结构性成本主要包含主体工程建设。构成成本的钢筋、混凝土、砖等材料的成本属于严控成本，从对客户的敏感性来分析，敏感性最差。这就要求房地产企业在设计阶段进行设计优化、结构优化，房地产企业将设计部和设计院结合，确保在设计标准及安全的前提下，尽量降低每方钢筋含量、每方混凝土含量等单方成本，把建安成本降到最低。

功能性成本主要包含房屋功能性的成本，包括门窗、装饰、卫浴、

厨房等装饰性成本。这部分成本根据产品性质——毛坯房还是精装房的标准设定成本界限。从对客户的敏感性来分析，敏感性较高。这部分成本要做到成本的合理分布，孰轻孰重要做好规划。必须确保客户满意度，达到合同承诺的成本要求。

敏感性成本包含景观设施，例如水系、景观小品、运动设施、绿化等基础设施费；外立面涂料、瓷砖；大堂或者电梯门口装饰；智能化等成本。这部分成本是提升复合溢价的最有效成本，是客户敏感性最强的成本，是应该继续加大投入的成本。适度增加这项成本，会对楼盘销售起到意想不到的良性效果。

② 期间费用可控成本的分析

期间费用在房地产企业的成本中占据不少的比例，但是这些期间费用有的可控，有的不可控，有的需要严控，有的需要合理控制，有的需要增加投入。如图5-14所示。

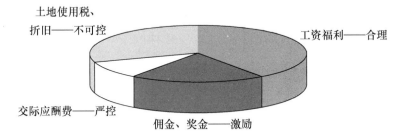

图5-14 期间费用控制图

土地使用税及折旧属于固定成本，这部分成本属于不可控成本，房地产企业不论开发与否，都存在这部分成本。

工资福利等属于人工成本，这部分成本根据公司经营效果及当地工资水平，保持一个合理的水平，以确保职工收入和人才留用。

销售佣金、职工奖励属于激励性成本，这部分成本可以适当投入，以激励营销人员及管理人员的工作积极性。

交际应酬费及办公费、物料消耗等费用属于严控成本，这部分成本按照合理性要求，不得不发生，但是若不严格控制就会变为发疯的成本，是房地产企业必须严格控制的成本。

财务费用的控制因项目而异。房地产企业应该放大融资池杠杆效应，从杜邦分析法来看，财务杠杆及权益乘数大意味着较高的资产负债率和更多的杠杆利益。杠杆的来源于项目融资抵押还是信托贷款，公司要考虑融资成本的合理性。

③ 税金的筹划

房地产企业涉及13种税收，税负在全行业排名领先。房地产企业合理而又合法地安排经营活动，使之缴纳尽可能低的税收，此方法称为税务筹划。

税收筹划的原则有三个：一是必须坚持依法筹划；二是坚持筹划在先；三是充分利用节税空间。

成本的控制要做到事前预测、事中控制、事后分析

① 事前预测

"凡事预则立，不预则废。"对房企而言，预测的对象其实就是利

润值和现金流两大指标，其中，现金流的预测是重点。预测利润值必须准确地预测成本构成，预测现金流同样需要准确预测成本的支出金额。

② 事中控制

主要体现在对目标成本的控制上。可控手段包括目标成本月度控制分析、目标收益月度分析。这一控制突出销售毛利率和销售净利率。对于关键指标，房地产企业需要进行动态监控，而非单纯的事后静态管控。对这些指标的可知与管控，关键在于过程中反复将目标值与实际值进行对照，并通过 PDCA 戴明环[1] 的管理方式，嵌入到指标的动态回顾中。房地产企业要建立每月动态目标成本分析会，分析项目成本的动态变化。

③ 事后分析

主要是管理会计的范畴，具体指财务人员对每月、每季度、半年度、年终决算进行财务成果指标的分析，包含收入成本分析、利润分析、现金流分析三大类。财务分析指标包含资产管理效率（资产负债率、流动比率等）、经营管理效果（毛利率、销售净利率等）、资产管理效果（存货周转率、总资产周转率等）、现金流分析（经营活动现金流量比率等）、发展前景分析（资本保值增值率、利润增长率等）5 大类 20 小类单项分析，分析公司同期与历史比较，预测未来经济指标。从杜邦分析体系中分析影响公司资产、收益、现金流的因素所

---

[1] PDCA 戴明环是美国质量管理专家戴明博士提出的，它是全面质量管理所应遵循的科学程序。

在，找出症结，剖析、改善和提高，为公司领导提供最真实的、有可辨性、有指导性的财务数据，提高领导决策水平。

暴利时代重"开源"，微利时代重"节流"，房地产企业全成本控制，需要领导重视、全员重视、全员参与、全员考核。从规划拿地到施工过程、从销售开盘到清盘结尾，成本的控制涉及方方面面，成本的可预测、可控制、可分析是财务管理的根本，是公司科学管理的根本。房地产企业只有充分认识到成本管控的重要性，公司的各项管理才能更上一个台阶，达到一个新的高度。

第六章
费用分析

本 章 导 航

管理费用每月发生额

管理费用各项目发生额

销售费用每月发生额

销售费用各项目发生额

期间费用包括管理费用、销售费用和财务费用，由于财务费用每月发生额均匀，本书暂以管理费用和销售费用为例分析费用情况。

管理费用每月发生额

管理费用每月发生额如表 6-1、图 6-1 所示。

表 6-1　　　　　　　　　管理费用每月发生额

月　份	管理费用（元）	比　重（%）
1	460 000.00	11.50
2	220 000.00	5.50
3	340 000.00	8.50
4	280 000.00	7.00
5	250 000.00	6.25
6	330 000.00	8.25
7	320 000.00	8.00
8	330 000.00	8.25
9	390 000.00	9.75
10	460 000.00	11.50
11	320 000.00	8.00
12	300 000.00	7.50
合　计	4 000 000.00	100.00

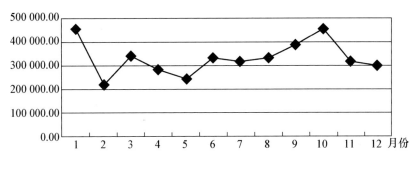

图 6-1 管理费用每月发生额曲线

管理费用各项目发生额

管理费用各项目发生额如表 6-2、图 6-2 所示。

表 6-2   管理费用各项目发生额

项　目	管理费用	金　额（元）	比　重（%）
1	办公费用	150 000.00	3.75
2	工资及福利	1 000 000.00	25.00
3	差旅费	300 000.00	7.50
4	交际应酬费	260 000.00	6.50
5	物料消耗	650 000.00	16.25
6	土地使用税	1 240 000.0	31.00
7	折旧费	200 000.00	5.00
8	其他	200 000.00	5.00
9	合　计	4 000 000.00	100.00

从表 6-1、表 6-2 和图 6-1、图 6-2 可以看出：

（1）月均管理费用 33 万元，其中 1 月份、10 月份有异常费用发生，应引起管理当局高度重视；

（2）管理费用各项目中土地使用税、物料消耗和工资福利的发生额占据前三位，其中重点关注可控费用——物料消耗和人员工资。当然，房地

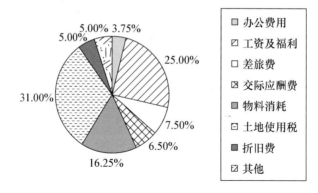

图 6-2　管理费用各项目所占比重

产企业的土地使用税根据税收法规随着交房也可以有变化。

销售费用每月发生额

销量费用每月发生额如表 6-3、图 6-3 所示。

表 6-3　　　　　　　销售费用每月发生额

月　份	销售费用（元）	比　重（％）
1	280 000.00	9.33
2	300 000.00	10.00
3	400 000.00	13.33
4	250 000.00	8.33
5	200 000.00	6.67
6	180 000.00	6.00
7	240 000.00	8.00
8	350 000.00	11.67
9	100 000.00	3.33
10	150 000.00	5.00

续表

月　份	销售费用（元）	比　重（%）
11	250 000.00	8.33
12	300 000.00	10.00
合　计	3 000 000.00	100.00

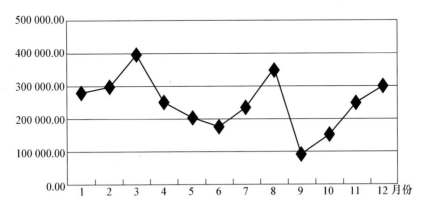

图 6-3　销售费用每月发生额曲线

销售费用各项目发生额

销售费用各项目发生额如表 6-4、图 6-4 所示。

表 6-4　　　　　　　　　　　销售费用各项目发生额

项　目	销售费用（元）	金　额（元）	比　重（%）
1	广告费	1 600 000.00	53.33
2	销售策划费	480 000.00	16.00
3	工资福利提成	360 000.00	12.00
4	办公费	180 000.00	6.00
5	交际应酬费	100 000.00	3.33
6	差旅费	180 000.00	6.00

续表

项　目	销售费用（元）	金　额（元）	比　重（%）
7	其他	100 000.00	3.33
8	合　计	3 000 000.00	100.00

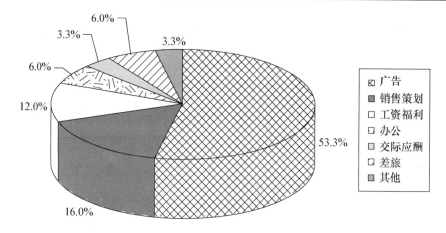

图 6-4　销售费用各项目所占比重

从表 6-3、表 6-4 和图 6-3、图 6-4 可以看出：

（1）月均销售费用 25 万元，其中 3 月份、8 月份、12 月份有异常费用发生，应引起管理当局高度重视；

（2）销售费用各项目中广告费、销售策划费、人员工资的发生额占据前三位，其中重点关注广告费、销售策划费是否有可控空间。

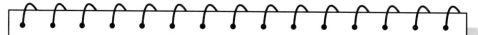

More　房地产企业全程财务控制

三部曲：可预测、可控制、可分析

　　财务管理是企业管理的核心。房地产企业经营高风险、管理跨区域、部门多壁垒的经营特征，决定了房地产企业财务管理科学化的必要性和重要性。为此，笔者认为：良好的房地产企业财务管理要做到"三可"，即可预测、可控制、可分析。

第一步——可预测

《礼记·中庸》："凡事预则立，不预则废。"事实上，管理不仅要对当前的业务现状和问题进行及时处理和管控，更要对业务经营和管理潜在风险进行提前预测。作为经营高风险和业务高协同的房地产行业，科学理性预测至关重要。

预测的对象：现金流和收益，突出现金流。

对房企而言，预测的对象其实就是利润值和现金流两大指标，其中，现金流的预测是重点。

现金流预测：现金流预测的难点在于经营性现金流的预测，关键在于对项目关键节点（拿地、开工、开盘和入伙）的预估和判断。项目关键节点完成的时间本身就决定了企业现金进出的频率与占用周期。在现金流预测时，首先需要特别关注土地的现金流情况，对历史已付、本年已付、本年待付和明年待付进行准确把握；其次需要有效结合销售计划相对应的销售回款以及其他费用、税金等，最终相对准确地预测企业整体的现金流情况。

具体的现金流入、现金流出、结余详见表6-5。

收益预测：建议重点考虑在方案设计、扩初设计、施工图设计阶段进行目标成本的准确测算，并配合销售计划，预测未来的销售收入，不断提高利润预测的准确性。

表 6-5

现金流量表（样表）

编制机构：财务部　　　　2014 年度　　　　单位：万元

项目	1月	2月	3月	4月	5月	6月	7月	8月	9月	10月	11月	12月	合计
期初结余	5 500	6 200	6 350	7 350	6 650	8 850	9 350	9 250	9 700	11 250	12 980	14 110	5 500
现金流入	1 200	1 200	2 600	3 200	3 200	1 800	1 800	1 600	3 000	3 800	1 600	1 000	26 000
销售回款	1 200	1 200	2 600	3 200	3 200	1 800	1 800	1 600	3 000	3 800	1 600	1 000	26 000
银行借款													0
股东借款													0
股东增资													0
现金流出	500	1 050	1 600	3 900	1 000	1 300	1 900	1 150	1 450	2 070	470	1 220	17 610
1、开发成本	310	870	1 280	3 460	600	1 060	1 660	900	1 070	1 680	240	1 040	14 170
其中：土地征用及拆迁补偿费			500	2 500									3 000
前期工程费	20	280	30	500	20	500	20	10	0	20	0	0	1 400
基础设施费	50	110	100	0	240	20	200	40	200	20	0	0	980
建筑安装工程费	200	300	600	400	300	500	1 400	800	800	1 600	200	1 000	8 100
公共配套建设费	10	140	20	20	0	0	0	0	20	0	0	0	210
开发间接费用	30	40	30	40	40	40	40	50	50	40	40	40	480
2、销售费用	50	40	80	100	100	50	50	80	100	50	40	50	790
3、管理费用	40	40	40	40	40	40	40	40	40	40	40	50	490
4、财务费用	0	0	0	0	0	0	0	0	0	0	0	0	0
5、应交税费	100	100	200	300	260	150	150	130	240	300	150	80	2 160
6、购置固定资产	0	0	0	0	0	0	0	0	0	0	0	0	0
7、购置无形资产	0	0	0	0	0	0	0	0	0	0	0	0	0
8、归还银行借款	0												0
9、归还股东借款	0												0
期末结余	6 200	6 350	7 350	6 650	8 850	9 350	9 250	9 700	11 250	12 980	14 110	13 890	13 890

总之，时间触发和事件触发的项目成本执行回顾与总结不仅能对项目运营本身纠偏扶正，更重要的是可以实现对项目现金流和收益动态刷新，有效支撑企业整体现金流和利润率的动态监控。

具体的收益预测详见表 6-6。

表 6-6 ××花园收益预测表（样表）

编制单位：××三期 单位：元

项目	收益预测	
	金额	比率
一、主营营业收入	260 000 000	
减：主营业务成本	138 944 400	53.44%
二、毛利	121 055 600	46.56%
主营业务税金及附加	22 360 000	8.60%
销售费用	3 000 000	1.15%
管理费用	8 000 000	3.08%
三、营业利润	87 695 600	33.73%
加：营业外收入		0.00%
减：营业外支出		0.00%
四、利润总额	87 695 600	33.73%
减：所得税费用	21 923 900	25.00%
五、净利润	65 771 700	25.30%

综上，我们可以对××花园进行年度收益分析，详见表 6-7。

表 6-7 ××花园 201×年度收益分析（样表）

单位：元

序号	项目	多层	小高层	商铺	别墅	合计
一、收入	1. 收入	26 000 000.00	30 000 000.00	84 000 000.00	120 000 000.00	260 000 000.00
二、成本	2. 土地成本	6 210 000.00	3 500 000.00	8 000 000.00	21 550 000.00	39 260 000.00
	3. 前期工程费	2 000 000.00	1 900 000.00	4 500 000.00	15 433 545.60	23 833 545.60
	4. 基础设施费	2 455 720.17	1 339 266.85	2 817 922.99	6 469 095.33	13 082 005.34

续表

序号	项目	多层	小高层	商铺	别墅	合计
二、成本	5. 建筑工程安装费	10 000 000.00	11 000 000.00	17 000 000.00	35 000 000.00	73 000 000.00
	6. 公共配套费	378 363.43	452 865.56	434 169.58	996 721.50	2 262 120.07
	7. 开发间接费	54 460.52	65 184.14	62 493.09	143 465.17	325 602.92
	8. 利息支出	414 732.95	496 396.47	475 903.37	1 092 529.61	2 479 562.40
三、毛利	9. 毛利	4 486 722.93	11 246 286.98	50 709 510.97	39 314 642.79	105 757 163.67
	10. 营业税金及附加	1 469 000.00	1 695 000.00	4 746 000.00	6 780 000.00	14 690 000.00
	12. 管理费用					1 247 714.83
	13. 销售费用					2 285 237.75
	14. 财务费用					56 240.42
四、营业利润	15. 营业利润					87 477 970.67
	16. 营业外收入					251 114.05
	17. 营业外支出					21 800.00
五、利润总额	18. 利润总额					87 650 513.42
	19. 销售面积	8 582.56	8 228.24	18 889.54	42 870.96	78 571.30
	20. 每平方米单价	3 835.34	4 527.17	5 812.99	4 826.06	3 309.10
	21. 每平方米成本	2 506.63	2 279.19	1 762.38	1 882.05	1 963.09
	22. 每平方米毛利	1 328.71	2 247.98	4 050.61	2 944.01	1 346.00

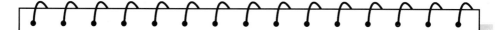

第二步——可控

伴随房地产企业跨区域、多项目、集团化发展的逐渐深入，集团总部对区域城市和项目一线的管理幅度因地理半径的拉长而迅速扩大，另外，如何保障集团总部确立的管理指标体系执行到位，管控策略和管控手段至关重要。

❶ 可控策略——项目前端管利润、中端管质量、后端管客户满意度

要对众多大小不同的经营指标和工作项有效管控，需要回归到指标和工作项本身发展的生命周期去控制，即充分聚焦在指标（工作项）的事前目标设置、事中过程管控、事后结果监控的全过程。在项目全生命周期中，要在项目前端的定位、设计环节管利润；在项目中端的工程、建造环节管控好质量；在项目后端管控好客户服务与客户满意度。

❷ 可控手段——目标成本月度控制分析，目标收益月度分析，突出销售毛利率和销售净利率

让指标"动"起来——强调指标体系的动态回顾，详见表6-8、表6-9。

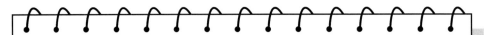

表 6-8 动态成本报表（样表）

201×年5月　　　　　　　　　　　　　　　　　　　　金额单位：元

一、基准动态

序号	项目名称	目标成本		基准动态成本		成本差异		
		目标值	单方值	动态值	单方值	动态与目标差额	单方差值	差异率
A-01	土地征用及拆迁补偿费	312 292 62.00	723.00	31 229 262.00	723.00	0.00	0.00	0.000%
A-02	前期工程费	17 009 477.05	393.79	16 986 402.31	393.26	−23 074.74	−0.53	−0.136%
A-03	建安工程费	74 450 246.50	1 723.62	75 121 780.53	1 739.17	671 534.03	15.55	0.902%
A-04	基础设施费	12 678 833.11	293.53	12 678 833.10	293.53	−0.01	0.00	0.000%
A-05	公共设施费	1 576 581.00	36.50	1 576 581.00	36.50	0.00	0.00	0.000%
A-06	开发间接费	2 000 000.00	46.30	2 000 000.00	46.30	0.00	0.00	0.000%
	合计	138 944 399.66	3 216.75	139 592 858.94	3 231.77	648 459.28	15.01	0.766%

二、预期动态

序号	名称	预期变动值		预期原因备注说明
		预期值	单方数	
预期-01	大宗材料价格变动	757 440	17.54	
预期-02	目标漏项追加			
预期-03	重大设计变更调整			
	合计	757 440.00	17.54	

三、动态成本	基准动态＋预期动态	140 350 298.94	单方动态值	3 249.30

表 6-9 目标利润变动分析表（样表）

编制单位：××三期　　　　201×年6月30日　　　　金额单位：元

项目	设计版目标利润		动态变动		预计终期利润	
	金额	比率	金额	比率	金额	比率
一、主营营业收入	260 000 000		6 938 541.00		266 938 541	
减：主营业务成本	138 944 400	53.44%	9 585 899.34		148 530 299	55.64%
二、毛利	121 055 600	46.56%	−2 647 358.34		118 408 242	44.36%
营业税金及附加	22 360 000	8.60%	596 714.53		22 956 715	8.60%
销售费用	3 000 000	1.15%	−200 000.00		2 800 000	1.05%
管理费用	8 000 000	3.08%			8 000 000	3.00%
三、营业利润	87 695 600	33.73%	−2 647 358		84 651 527	31.71%
加：营业外收入		0.00%			0	0.00%
减：营业外支出		0.00%			0	0.00%
四、利润总额	87 695 600	33.73%	−3 044 073		84 651 527	31.71%
减：所得税费用	21 923 900	25.00%	−761 018		21 162 882	25.00%
五、净利润	65 771 700	25.30%	−2 283 055		63 488 646	23.78%

　　对于以上各类关键指标，企业管理者需要进行动态监控，而非单纯的事后静态管控。对这些指标的可知与管控，关键在于过程中反复将目标值与实际值进行对照，并通过PDCA戴明环的管理方式，嵌入到指标的动态回顾中。

第三步——可分析

　　分析的框架如图6-5所示。

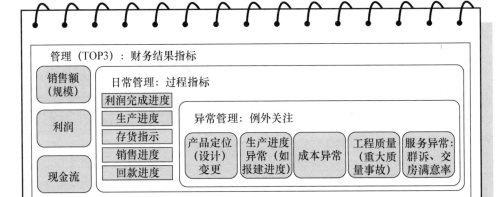

图 6-5　分析框架示意图

对于专业型的房地产企业而言，经营管理的核心目标表现为总资产、销售额、利润额和目标市场占有率，反映到可知的信息，即为财务结果指标、过程指标和异常风险三大类，尤以财务指标为重。

❶ 财务结果指标

财务结果指标包含销售额（规模）、利润、现金流三大类，具体如下：

销售额：属于规模指标，体现企业经营层面的规模经济效应，是规避被行业边缘化的重要筹码。房地产行业每年的TOP100更是强化了销售额的较量。规模型指标具体表现为投资型指标、建设型指标和销售型指标。投资型指标主要聚焦在年度的直接投资额；建设型指标主要聚焦在新开工面积、在建面积和竣工面积；销售型指标主要聚焦在销售面积和销售金额。

利润：属于企业成长指标，是保障企业快速成长和扩张的关键指标。对于专业型的房地产公司而言，利润主要来源于项目，项目前端的论证、定位、设计三大环节往往被定义为利润规划区，后端的工程建造、销售为利润兑现区。因此，公司利润值的管控就具体锁定在对所有项目的"项目论证"、"产品定位"、"方案设计"和"目标成本"的可知和可控上。利润指标具体表现为基于主营业收入、成本费用总额和利润总额的收益型指标，基于资产总额、资产负债率、资产周转率和总资产报酬率的资产负债指标，以及基于人工成本、劳动生产率的人力效率指标。

现金流：属于企业经营健康指标。某商学院从某轮地产商倒闭的原因分析中发现，80%的企业都是因为现金流问题而无奈破产，其中不乏有较强盈利能力的企业。对现金流的可知，重点在于对经营性现金流的可知。影响经营性现金流的关键因素表现为项目关键节点是否准时完成，因此需要强调的是，计划节点的背后就是现金流的支出。

财务比率分析：突出资产结构、投资回报率和内含报酬率。

② 异常信息

异常信息主要聚焦风险管理。对于管理实务而言，业务正常的不需要管控，只需要关注；真正管控的要点还在于对业务异常的快速有效处理。根据房企多年的管理实践和风险判断，房企决策者需要对经营中产品定位变更（设计）、生产进度异常、成本异常、工程质量重大异常以及服务异常（群诉、交房满意率）这些异常信息高度聚焦，以风险和内控的高度提前关注并快速处理。

总体而言，可预测、可控制、可分析是财务管理的根本，是公司科学管理的根本，但可预测、可控制、可分析的实践广度和深度也跟房企决策管理者自身水平有关，有赖于企业管控模式、企业文化、制度流程等因素的支撑。更重要的是，构建基于企业整体资源管理的ERP信息化平台，是房企管理者快速提升可预测、可控制、可分析的管理水平的重要支撑。

第七章

盈亏平衡分析

本 章 导 航

盈亏平衡分析的概念

盈亏平衡分析的分类

盈亏平衡分析的基本模型

盈亏平衡分析的局限性

动态盈亏平衡分析模型

什么是盈亏平衡分析?

　　盈亏平衡分析是通过盈亏平衡点(BEP)分析项目成本与收益的平衡关系的一种方法。各种不确定因素(如投资、成本、销售量、产品价格、项目寿命期等)的变化会影响投资方案的经济效果,当这些因素的变化达到某一临界值时,就会影响方案的取舍。盈亏平衡分析的目的就是找出这个临界值,即盈亏平衡点(BEP),判断投资方案对不确定因素变化的承受能力,为决策提供依据。

　　盈亏平衡分析又称保本点分析或本量利分析法,是根据产品的业务量(产量或销量)、成本、利润之间的相互制约关系进行综合分析,用来预测利润,控制成本,判断经营状况。一般说来,企业收入=成本+利润,如果利润为零,则有收入=成本=固定成本+变动成本,而收入=销售量×单价,变动成本=单位变动成本×销售量,这样由销售量×单价=固定成本+单位变动成本×销售量,可以推导出盈亏平衡点的计算公式为:

　　　　盈亏平衡点(销售量)=固定成本/(单价-单位变动成本)
　　　　　　　　　　　　　=固定成本/每计量单位的贡献差数

盈亏平衡分析的分类

盈亏平衡分析的分类主要有以下方法：

（1）按采用的分析方法的不同分为图解法和方程式法；

（2）按分析要素间的函数关系不同分为线性和非线性盈亏平衡分析；

（3）按分析的产品品种数目多少，可以分为单一产品和多产品盈亏平衡分析；

（4）按是否考虑货币的时间价值分为静态和动态的盈亏平衡分析。

盈亏平衡分析的基本模型

盈亏平衡分析的基本模型如下：

$$Pr = Px - (Vx + F) = 0$$

即 $\quad Px = Vx + F$

其中：Pr——利润；

$\quad\quad P$——产品销售单价；

$\quad\quad V$——单位变动成本；

$\quad\quad F$——固定成本总额；

$\quad\quad x$——产量（或销售量）。

利用这一基本模型可以进行多个参数保本点的计算，如保本点产量、保本点生产能力利用率、保本点售价、保本点单位变动成本和保本点固定成本总额等，这些经济信息对于项目投资者来说都是非常重要的。在实际应用中，还可以根据项目的特点，进行多种产品的保本点计算，也可以对参数进行相关的替换，为决策者提供更有用的信息。

盈亏平衡分析的局限性

盈亏平衡分析方法在应用中也有一定的局限性。首先，保本点的计算是在三项假设条件下进行的：一是产销量相等；二是单位变动成本不随生产批量变化而变化；三是销售价格在任何销售水平上都相等。此外，它是在不考虑货币时间价值的基础上进行的分析和计算，因此可以称作是静态的盈亏平衡分析。但现实生活中，投资项目往往是中长期的，货币时间价值在投资效益分析中的重要程度是显而易见的，所以，在实际应用中，必须将这种静态的分析转换成动态的分析，以使分析结果更具科学性。

将项目盈亏平衡状态定义为净现值 NPV 为零的状态，便能将资金的时间价值考虑在盈亏平衡分析内，变静态盈亏平衡分析为动态盈亏平衡分析。由于净现值的经济实质是项目在整个经济计算期内可以获得的、超过基准收益水平的、以现值表示的超额净收益。所以，净现值等于零意味着项目刚好获得了基准收益水平的收益，实现了资金的基本保值和真正意义上的"盈亏平衡"。动态盈亏平衡分析不仅考虑了资金的时间价值，而且可以根据企业所要求的不同基准收益率确定不同的盈亏平衡点，使企业的投资决策和经营决策更全面、更准确。

动态盈亏平衡分析的基本模型

将项目盈亏平衡状态定义为净现值 NPV 等于零的状态，其公式为：

$$NPV = \sum_{t=0}^{n} NCF_t(P/F, i_c, t) = 0$$

即 $\sum_{t=0}^{n} (R_T - C_O - T_A - I_F - I_L)_t [1/(1+i_c)^t] + (S_V + I_{RL})[1/(1+i_c)^n] = 0$

其中：t——项目计算期第 t 年；

NCF_t——所得税前第 t 年净现资金流量；

R_T——年销售收入；

C_O——年经营成本；

T_A——年销售税金及附加；

I_F——年固定资产投资；

I_L——流动资金本年增加额；

S_V——回收固定资产残值；

I_{RL}——回收流动资金；

i_c——基准收益率；

n——项目计算期。

这是考虑货币时间价值的盈亏平衡分析模型，即动态盈亏平衡分析模型。根据这一模型，我们同样可以确定保本点产量、保本点生产能力利用率、保本点售价、保本点单位变动成本和保本点固定成本总额等经济信息。

在实际操作中，项目各年的营业净现金流入量可能不等，这会给计算带来麻烦，这时可以用项目的年平均营业现金净流入量来代替。

传统的盈亏平衡分析是用来计算某个项目或某个公司，在会计条件下为了保证不亏损而必须达到的销售量或销售收入水平。但运用这种传统的会计盈亏平衡点方法对一个项目进行评价存在明显的缺陷——没有考虑到货币的时间价值问题。通过实例比较计算，我们会发现，考虑货币时间价值的盈亏平衡分析结果比不考虑的结果会使项目的风险更大，因此，用考虑货币时间价值的盈亏平衡分析模型替代传统的盈亏平衡分析模型是非常有必要的，它能向决策者提供更科学和更准确的信息。

某企业盈亏平衡点模型

项目线性盈亏平衡分析如图 7-1 所示。

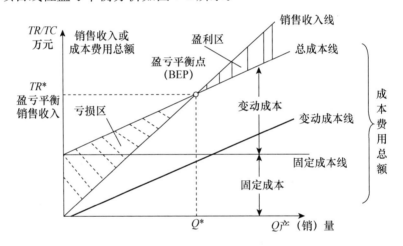

图 7-1　项目线性盈亏平衡分析图

通过上图我们可知：

（1）BEP 既定，要采用各种营销手段，努力提高产销量，以实现更多利润。

（2）实际产销量既定，则盈亏平衡产（销）量（Q*）越低，盈利区面积越大，即产品盈利机会越大，越能承受经济奉献与意外冲击。

（3）销售收入既定，则盈亏平衡产（销）量（Q*）的高低取于变动成本（V）与固定成本（F）。V 与 F 越小，Q* 越低。因此，除扩大产品销

售这一方法外，还可以努力提高原材料利用率、机器设备利用率等，降低产品的单位变动成本，使 Q^* 降低。

（4）在销售进程的这一点上（盈亏平衡点），总的纯收入刚好补偿了总成本（包括固定成本和可变成本），低于这一点就会发生亏损，而超过这一点就会产生利润。横轴代表产量，纵轴代表销售额或成本。假定销售额与销售量成正比，那么销售线是一条起于原点的直线。总成本线在等于固定成本的那一点与纵轴相交，且随着销售量的增加而成比例地表现为增长趋势。高于盈亏平衡点时，利润与销售额之比随每一售出的产品而增加。这是因为贡献呈一固定比率，而分摊固定成本的基础却扩大了。

智 慧 阅 读 财 务 报 表　■■■■■➡

第八章

杜邦财务分析体系

本 章 导 航

杜邦分析法和杜邦分析图

杜邦财务分析应用：房地产公司的盈利能力和成长性分析

　　杜邦财务分析体系（The Du Pont System）是一种比较实用的财务比率分析体系。这种财务分析方法从评价企业绩效最具综合性和代表性的指标——权益净利率出发，层层分解至企业最基本生产要素的使用、成本与费用的构成和企业风险，从而满足通过财务分析进行绩效评价的需要，在经营目标发生异动时经营者能及时查明原因并加以修正，同时为投资者、债权人及政府评价企业提供依据。

杜邦分析法和杜邦分析图

杜邦分析法是指利用各个主要财务比率之间的内在联系，建立财务比率分析的综合模型，分析和评价企业财务状况和经营业绩的方法。采用杜邦分析图将有关分析指标按内在联系加以排列，从而直观地反映出企业的财务状况和经营成果的总体面貌。

杜邦财务分析体系如图 8-1 所示。

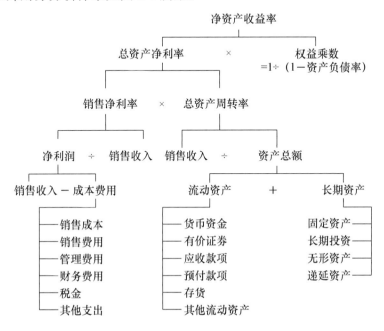

图 8-1 杜邦财务分析体系

从上图可以看出，杜邦分析法实际上从三个角度来分析财务，一是经营管理效果因素分析；二是资产管理效果因素分析；三是资本结构风险分析。

（1）权益净利率（即净资产收益率）是综合性最强的财务比率，是杜邦分析系统的核心。它反映所有者投入资本的获利能力，同时也反映企业筹资、投资、资产运营等活动的效率，它的高低取决于总资产利润率和权益总资产率的水平。决定权益净利率高低的因素有三个方面——销售净利率、总资产周转率和权益乘数，它们分别反映了企业的盈利能力、资产管理效率和负债比率。

（2）销售净利率反映了企业净利润与销售收入的关系，从这个意义上看，提高销售净利率是提高企业盈利能力的关键所在。要想提高销售净利率，一是扩大销售收入；二是降低成本费用，而降低各项成本费用开支是企业财务管理的一项重要内容。通过各项成本费用开支的列示，有利于企业进行成本费用的结构分析，加强成本控制，以便为寻求降低成本费用的途径提供依据。

（3）企业资产的营运能力既关系到企业的获利能力，又关系到企业的偿债能力。一般而言，流动资产直接体现企业的偿债能力和变现能力；非流动资产体现企业的经营规模和发展潜力。两者之间应有一个合理的结构比率，如果企业持有的现金超过业务需要，就可能影响企业的获利能力；如果企业占用过多的存货和应收账款，就会影响获利能力和偿债能力。为此，就要进一步分析各项资产的占用数额和周转速度：对流动资产而言，应重点分析存货是否有积压现象、货币资金是否闲置、应收账款的客户是否具备付款能力和有无坏账的可能；对非流动资产而言，应重点分析企业

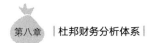

固定资产是否得到充分的利用。

总资产净利率也是一个重要的财务比率，综合性也较强。它是销售净利率和总资产周转率的乘积，因此，要进一步从销售成果和资产营运两方面来分析。

（4）权益乘数主要受资产负债率影响。负债比率越大，权益乘数越高，说明企业的负债程度较高，给企业带来较多杠杆利益的同时，也给企业带来了较高的风险。

杜邦财务分析应用：房地产公司的盈利能力和成长性分析

房地产公司的盈利能力和成长性分析如图 8-2 所示。

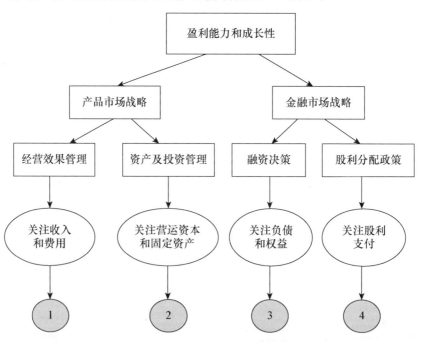

图 8-2 房地产公司盈利能力和成长性分析示意图

关注收入和费用就是关注企业的经营管理效果

房地产企业主要关注的指标包括：销售毛利率、成本费用率和销售净利率。

按照国税函〔2010〕201号文件的规定，无论工程质量是否通过验收合格，或是否办理完工（竣工）备案手续以及会计决算手续，当企业开始办理开发产品交付手续（包括入住手续）、或已开始实际投入使用时，为开发产品开始投入使用，应视为开发产品已经完工。房地产开发企业应按规定及时结算开发产品计税成本，并计算企业当年度应纳税所得额。

销售毛利率

销售毛利率有助于选择投资方向。价值型投资理念在中国证券市场逐渐确立其地位，而公司盈利能力则是反映公司价值的一个重要方面。企业的盈利能力越强，则其给予股东的回报越高，企业价值越大。在分析盈利能力时要注重公司主营业务的盈利能力。销售毛利率不仅能反映公司产品的竞争力和获利潜力，还能反映企业产品销售的初始获利能力，是企业净利润的起点，因为没有足够高的毛利率便不能形成较大的盈利。与同行业比较，如果公司的毛利率显著高于同业水平，则说明公司产品附加值高——一种可能是产品定价高，另一种可能是与同行比较存在成本上的优势，所以更有竞争力。与历史比较，如果公司的毛利率显著提高，则可能是公司所在行业处于复苏时期，产品价格大幅上升。在这种情况下，投资者需考虑价格的上升是否能持续，公司将来的盈利能力是否有保证。相反，如果公司毛利率显著降低，则可能是公司所在行业竞争激烈，毛利率下降往往伴随着价格战的爆发或成本的失控，这种情况预示着产品盈利能力的下降。

另外，毛利率指标还有助于预测企业的发展、衡量企业的成长性。销售毛利率能辨别各种产品对公司的贡献率。对于房地产企业来讲，不同的楼盘按照政府规定有不同的规划条件，因此，如何在规定的容积率范围内规划产品品种显得尤其重要。既要考虑用足容积率又要考虑有足够的产品来提高收入。房地产企业应关注商业和住宅的面积分配关系，以及多层、高层、叠加联排等别墅的面积分配等。

某公司各产品对公司毛利的贡献率如图 8-3 所示。

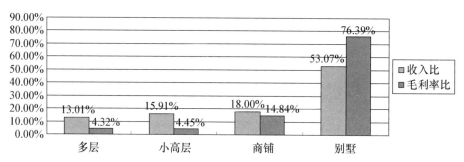

图 8-3 某公司各产品对公司毛利的贡献率

销售成本率是与毛利率相对应的一个比率，用以反映企业每元销售收入所需的成本支出。销售成本率的异常偏高，预示着企业销售方法不正确或企业处于不利的市场竞争地位。

成本费用利润率

成本费用利润率是企业一定期间的利润总额与成本、费用总额的比率。成本费用利润率指标表明每付出一元成本费用可获得多少利润，体现了经营耗费所带来的经营成果。该项指标越高，反映企业的经济效益越好。

销售净利率

销售净利率与净利润成正比关系，与销售收入成反比关系，企业在增加销售收入额的同时，必须相应地获得更多的净利润，这样才能使销售净利率保持不变或有所提高。

企业经营中往往可以发现，在扩大销售的同时，由于销售费用、财务费用、管理费用的大幅增加，企业净利润并不一定会同比例增长，有时甚至还会出现负增长的情况。因此，分析者应关注在企业每增加1元销售收入的同时，净利润的增减程度，由此来考察销售收入增长的效益。

房地产企业有其特殊的行业特性。例如，住宅地产和商业地产、旅游地产在销售费用上有很大的差别，特别是旅游地产，涉及佣金数额较大，业务宣传及广告费用较多，占销售收入的比重较高。

通过分析销售净利率的升降变动，可以促使企业在扩大销售的同时，注意改进经营管理，提高盈利水平。

关注营运资本和资产管理就是关注公司的资产和投资管理

营运能力是指企业的经营运行能力，即企业运用各项资产赚取利润的能力。企业营运能力的财务分析比率有：存货周转率、应收账款周转率、营业周期、流动资产周转率和总资产周转率等。

这些比率揭示了企业资金运营周转的情况，反映了企业对经济资源管理、运用的效率高低。企业资产周转越快，流动性越高，企业的偿债能力越强，资产获取利润的速度就越快。

企业的营运能力分析对企业管理当局至关重要，主要体现在如下几个方面：

优化资产结构。资产结构即各类资产之间的比例关系。如上所述，不同资产对企业经营具有不同影响，所以，不同性质、不同经营时期的企业，各类资产的组成比例也有所不同。通过资产结构分析，可以发现和揭示与企业经营性质、经营时期不相适应的结构比例，并及时加以调整，形成合理的资产结构。

改善财务状况。企业在一定时点上的存量资产，是企业取得收益或利润的基础。然而，当企业的长期资产、固定资产占用资金过多或出现问题资产、资产质量不高时，就会形成资金积压，导致营运资金不足，从而使企业的短期投资人对企业财务状况产生不良的印象。因此，企业必须注重分析、改善资产结构，使资产保持足够的流动性，以赢得外界对企业的信心。特别是对于资产"泡沫"或虚拟资产进行资产结构分析，摸清存量资产结构，并迅速处理有问题的资产，可以有效预防或消除资产经营风险。

加速资金周转。非流动资产只有伴随着产品（或商品）的销售才能形成销售收入，在资产总量一定的情况下，非流动资产所占的比重越大，企业所实现的周转价值越小，资金的周转速度也就越低。为此，企业必须通过资产结构分析，合理调整流动资产与其他资产的比例关系。

关注负债和权益就是关注公司的融资决策

资产负债比率是企业全部负债与全部资金来源的比率，用以表明企业负债占全部资金的比重。负债比率是指债务和资产、净资产的关系，它反映企业偿付债务本金和支付债务利息的能力。主要的偿债能力指标包括资产负债率、流动比率、速动比率、产权比率、利息保障倍数等。

分析的角度不同，对资产负债率高低的看法也不相同。从债权人的角度看，资产负债率越低越好，该比率越低，债权人越有保障，贷款风险越小；从股东的角度看，如果能够保证全部资本利润率大于借债利率，则希望该指标越大越好，反之亦然；从经营者的角度看，负债过高，企业难以继续筹资，负债过低，说明企业经营缺乏活力。因此从财务管理的角度来看，企业要在盈利与风险之间做出权衡，确定合理的资本结构。

优化资本结构，从总体上减少收支风险。一是从静态上优化资本结构，确定合理的股本比重，降低总体上的债务风险；二是从动态上优化资本结构，即根据企业的需要与负债的可能，适时调整其债务结构，利用财务杠杆对企业筹资进行自我约束。

关注股利支付就是关注公司的股利支付政策

股利支付率，也称股息发放率，是指净收益中股利所占的比重。它反映公司的股利分配政策和股利支付能力。

　　股利分配政策是上市公司对盈利进行分配或留存用于再投资的决策问题，在公司经营中起着至关重要的作用，关系到公司未来的长远发展、股东对投资回报的要求和资本结构的合理性。合理的股利分配政策一方面可以为企业规模扩张提供资金来源，另一方面可以为企业树立良好形象，吸引潜在的投资者和债权人，实现公司价值即股东财富最大化。

　　常用的股利分配政策有剩余股利政策、固定或持续增长股利政策、固定股利支付率政策、低正常股利加额外股利政策。在此不再一一详述。

　　综上所述，房地产企业的盈利能力和成长性与杜邦分析密切相关。首先从三个财务比率的分析延伸到盈利能力、资产管理能力、负债水平。然后分析销售毛利等影响盈利能力的指标、存货等资产的周转水平以及资本结构的合理性等。最后研究公司产品构成的合理性、费用的控制、存货及应收账款的管理、借债的承受能力以及股利的分配方式等。从数字分析到房地产开发产品的分析，从理论研究上升到实践操作，杜邦分析都为房地产企业的财务管理提供了很强的指导意义。

04

说一尺不如行一寸
——财务报表分析应用

会计意见是参考，不是决策

会计预测未来就像培根预测未来的鸡一样

会计谎言的纸包不住事实的火

会计被信任，始于信任他人

会计的免费午餐：不是陷阱就是债务

会计的"道"是悟出来的

会计要摆脱自大，谦卑我心

会计：己所不欲，勿施于人

会计：君子爱财，取之有道

会计境界：无欲是最大的财富

会计境由心造，可大可小

会计就是整个人生

第九章
银行信贷经理如何识别虚假财务报表

本 章 导 航

识别虚假财务报表的重要性

编造虚假财务报表的手段

识别财务报表造假的方法

快速识别假报表：三眼看门道

融资尽职调查的十大要诀

识别虚假财务报表的重要性

虚假财务报表会损害投资者和债权人的利益，损害的程度取决于投资者或债权人识别虚假财务报表的能力。对商业银行来说，目标客户提供的财务报表是判断其资信状况的主要依据，识别财务报表的真假对选择优质客户、提高信贷资产质量、降低信贷风险非常重要。

银行的信贷经理必须分析公司的财务报告和其他信息资料。如果目标企业编制虚假财务报表，而银行不能识别其虚假性，那么，根据这些虚假财务报表，银行将会做出错误的贷款决策，遭受惨重的坏账损失。

如果企业提供的财务报表不能真实反映企业的资产、负债、所有者权益、收入、费用、利润，那么，信贷经理出具的贷前调查报告、贷后检查报告、五级分类报告、资信评级报告、企业授信报告、利率定价报告这七份报告往往也会受其影响而变为一系列虚假报告。因此，为了避免由于目标企业编制虚假财务报表而做出错误决策和遭受损失，银行信贷经理必须掌握基本的虚假财务报表识别技术。

编造虚假财务报表常用的手段

调整收入确认方式，使利润虚增

为达到融资目的，企业一般不遵循收入实现原则来确认收入，而是根据需要提前甚至虚假制造收入。例如：①在未满足收入确认的条件下提前确认收入；②通过不具有产权的资产交易虚构收入；③通过循环转账的方式来制造收入到账的假象；④人为调整账目，将本应在下一年确认的收入挂账，结转到本年结收；⑤确认收入但少确认与其匹配的成本费用以提高利润等。

新会计准则规定，企业应当在资产负债表日对有证据表明发生减值的资产计提减值准备，确认减值损失。但有些企业不遵守会计准则，通过挂账等方式降低当期费用，以达到虚增利润的目的。比如企业的应收账款，特别是三年以上的应收账款长期挂账，就会导致企业资产的账面价值与实际价值严重不相符。尤其是销售业务产生的应收款项，属于企业的主营业务收入，因此应收账款能否收回，对企业的经营业绩和现金流量都会产生很大影响。

滥用会计估计调节利润

会计估计是指企业对其结果不确定的交易所做的判断。但由于企业主观操作，随意性大，所以存在滥用会计估计的可能，其主要方式有：①变更固定资产的折旧年限、折旧方法和预计净残值比例，随意减少和增加折旧费用。②变更坏账准备的计提比例，不提、少提坏账准备，减少当期费用，虚增当期利润，粉饰会计报表。

利用关联交易调节利润

利用关联交易调节利润的主要方式有：

（1）虚构经济业务，人为抬高目标公司业务和效益；

（2）利用远高于或低于市场价格的方式，进行购销活动、资产置换和股权置换；

（3）以旱涝保收的方式委托经营或受托经营，抬高目标公司的经营业绩；

（4）以低息或高息发生资金往来，调节财务费用；

（5）以收取或支付管理费、或分摊共同费用调节利润。

利用关联交易调节利润的最大特点是亏损大户可在一夜之间变成盈利大户，且关联交易的利润大都体现为"其他业务利润"、"投资收益"或"营业外收入"，但目标公司利用关联交易赚取的是"横财"，往往带有突发性。

有些目标公司是集团公司，而整个集团公司就像一个大家族。这就要求银行客户经理理顺整个公司的产权关系，有策略地向管理当局询问，增强发现关联方交易舞弊的能力。重点观察的内容包括：①在年报的报表附注中是否详细披露关联方及关联方交易，是否有交易内容而实际并未披露。②目标公司是否将不良资产委托给关联方经营，按双方协议价收取高额回报。③是否存在资金往来舞弊，将自有资金拆借给母公司或其他不纳入合并报表的关联企业，并按约定的高额利率收取资金占用费，以此虚增利润。

《企业会计准则第 36 号——关联方披露》第四条规定，下列各方构成企业的关联方：

（1）该企业的母公司。

（2）该企业的子公司。

（3）与该企业受同一母公司控制的其他企业。

（4）对该企业实施共同控制的投资方。

（5）对该企业施加重大影响的投资方。

（6）该企业的合营企业。

（7）该企业的联营企业。

（8）该企业的主要投资者个人及与其关系密切的家庭成员。主要投资者个人，是指能够控制、共同控制一个企业或者对一个企业施加重大影响的个人投资者。

（9）该企业或其母公司的关键管理人员及与其关系密切的家庭成员。关键管理人员，是指有权力并负责计划、指挥和控制企业活动的人员。与主要投资者个人或关键管理人员关系密切的家庭成员，是指在处理与企业的交易时可能影响该个人或受该个人影响的家庭成员。

（10）该企业主要投资者个人、关键管理人员或与其关系密切的家庭成员控制、共同控制或施加重大影响的其他企业。

利用资产重组或高估资产调节利润

资产重组是企业为了优化资本结构，调整产业结构，完成战略转移等目的而实现的资产置换和股权置换。但就目前而言，有些资产重组却被用来做假账，其典型做法有：

（1）借助关联交易，由非上市的企业以优质资产置换上市公司的劣质资产；

（2）由非上市的企业将盈利能力较高的下属企业廉价出售给上市公司；

（3）由上市公司将一些闲置资产高价出售给非上市公司的企业。

这些做法有如下特点：一是利用时间差，如在会计年度即将结束前进行重大资产买卖，确认暴利；二是不等价交换，即借助关联交易，在上市公司和非上市母公司之间进行"以垃圾换黄金"的利润转移。

另外，在资产负债表中，列入资产类项目的待处理财产损溢、长期待摊费用等虚拟资产是必须用以后的利润来消化的包袱。应收账款中可能存在坏账，存货中可能存在滞销、贬值甚至报废的物资。固定资产、无形资产中有的已不能给企业带来效益却仍在账面上反映。所有这些，往往在企业清算时才能显示出真实的情况，这就是为什么许多企业在清算、重组、改制时出现资产大量缩水的原因，也是企业在粉饰报表人为扩大资产规模时常用的手段。

利用利息资本化调节利润

根据现行会计制度的规定，企业为在建工程、固定资产等长期资产支付的利息费用，在这些长期资产投入使用前，可予以资本化，计入这些长期资产的成本，投入使用后则必须将利息费用计入当期损益。但有些企业在长期资产投入使用后仍将利息费用予以资本化，明显滥用配比原则和区分资本性支出与经营性支出原则，虚增了利润。

利用利息资本化调节利润的更隐秘的做法是，利用自有资金和借入资金难以界定的事实，通过人为划定资金来源和资金用途，将用于非资本性支出的利息资本化。

利用股权投资调节利润

利用股权投资调节利润的主要做法是，在对外投资中，企业根据自身需要选择权益法或成本法进行对外投资核算，从而增大投资收益，达到虚增利润的目的。如对于盈利的被投资企业，采用权益法核算；对于亏损的被投资企业，即使股权比例超过20％，仍采用成本法核算。

另根据财政部的有关规定，如果公司以实物资产或无形资产对外投资，则必须进行资产评估，并将评估增值部分计入资本公积；公司将对外投资转让时，必须借记这项投资的资本公积，同时贷记营业外收入。这一规定无疑给企业虚增利润提供了借口。如公司通过与其他企业协议相互以实物资产或无形资产投资，评估资产时彼此将对方资产价值高估，再将所持股权转让给对方的关联企业，从而将高估的资产价值作为营业外收入虚增彼此的利润。这是利用股权投资调节利润的又一方法。

识别财务报表造假的基本方法

尽管财务报表造假的手段有很多种，且具有较强的隐蔽性，但我们仍可通过报表之间的勾稽关系发现问题，帮助我们识别真假财务报表。其方法主要是对客户企业提供的审计报告、财务会计报表及其附注、验资报告、有关资质证书等原件的正确性和真实性进行审核。

审计报告的审核

一是识别审计报告的类型。

二是审查审计报告的标题、收件人、注册会计师签字及盖章、会计师事务所的地址、报告日期、会计师事务所的执业许可证、骑缝章以及审计报告结论，重点审核审计报告结论。

财务报表之间钩稽关系的审核

财务报表间钩稽关系的审核主要是对资产负债表、利润表、现金流量表三者之间科目对应关系的审核。验资报告中的"实际投入资金"和资产负债表中的"实收资本"在一般情况下应相等。资产负债表中"期末未分配利润"和利润分配表中的"未分配利润"应相等。现金流量表中"经营活动收到的现金"同资产负债表、利润表部分科目之间存在钩稽关系。现金流量表补充资料中"经营活动现金净流量"同资产负债表、利润表部分科目之间存在钩稽关系。

报表主要项目真假识别技巧

① 资金循环的识别

常见舞弊手段

①贪污货款或虚报支出,采用销售收入不开票、不入账、少入账或通过涂改单据以少报多或虚报冒领等;②虚设账户,收到现金不计入现金账,在应收账款账户中设置虚假账户用以记录赊销事项。

识别技巧

首先进行货币资金的符合性测试。即要了解现金和银行存款的内部控制情况,抽取并检查收款凭证和付款凭证,核对日记账和总账,评价货币资金的内部控制。其次进行货币资金的实质性测试。核对日记账和总账的余额是否相符,对银行存款进行分析性复核,计算定期存款占银行存款的比例,了解客户企业是否存在高息资金拆借;取得并检查银行存款余额调节表,如果经调整后的银行存款余额与银行对账单存在差异,应查明原因;函证银行存款余额,通过函证不仅可以了解存款的情况,还可以了解企业借款的情况,发现企业未登记入账的银行借款;检查一年以上定期存款或限定用途的存款,不属于企业的流动资产,应列在其他资产下。

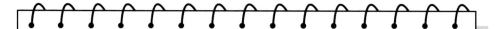

> **Tips** 银行客户经理要重视货币资金的审计
>
> 　　由于货币资金是流动性最强的资产，企业必须加强对货币资金的管理，建立良好的货币资金内部控制制度。银行客户经理要重视货币资金的审计。

② 销售与收款循环的识别

常见舞弊手段

①虚构销售业务，以白条出库，作销售入账；②销售虚开发票，确认收入；③提前或推迟确认收入，运用完工百分比法、提前开具发票等；④变更销售收入确认方式，人为调节利润；⑤应收账款的入账金额不真实、不合法；⑥坏账处理不合理，混淆计提范围，人为扩大或缩小坏账准备基数，对符合坏账处理条件的应收账款不作处理。

识别技巧

首先对主营业务收入实施分析性复核；实施销售的截止测试；对特殊销售行为进行实质性测试。其次对应收账款进行审计。检查未函证应收账款，由于不可能对所有应收账款函证，对于未函证的应收账款检查其原始凭证、合同、订单、发票副本及发运凭证等，检查其真实性。分析应收账款明细账余额，余额一般在借方，如果有贷方余额，建议重分类。对坏账准备实施分析性复核，计算坏账准备余额占应收账款余额的比例，并与以前期间核对，分析其重大差异。检查应收账款及坏账准备是否在报表上恰当披露。

③ 购货与付款循环的识别

常见舞弊手段

①把应计入外购成本的有关费用计入当期损益，致使材料估价不实；②利用应付账款骗取回扣，表现在已支付货款并符合折扣条件，然后将折扣私分或留作小金库；③对溢缺、毁损处理不正确，把应由过失人赔偿的损失作为营业费用或营业外支出；④隐瞒赊购业务，以隐瞒或低估应付账款等相关负债，夸大流动性指标和企业的偿债能力；⑤在固定资产的购建过程中，资本化利息计算不正确、资本性支出列作收益性支出处理，固定资产盘盈或接受捐赠不入账，形成账外固定资产。

识别技巧

在购货与付款循环中，主要审查应付账款和固定资产及累计折旧。首先对应付账款进行实质性测试，将本期与上期期末余额进行比较，分析波动原因，分析企业客户是否存在大规模赊购或为了获得现金折扣提前支付大量货款的情况。分析长期挂账的应付账款，要求企业做出解释，判断企业是否缺乏偿债能力或利用应付账款隐瞒利润。其次是对固定资产及累计折旧的识别。检查固定资产的所有权；对累计折旧进行分析性复核；对固定资产减值准备进行分析性复核。

④ 生产循环的识别

常见舞弊手段

在生产成本账户列支不应计入该账户的开支，分配费用的方法不恰当，随意改变存货计价方法，人为调节主营业务成本。

识别技巧

存货的识别：对存货进行盘点、计价检查、截止测试等。

主营业务成本的识别：检查倒轧表的编制是否规范、合理，存货周转率、毛利率的计算是否正确。

⑤ 筹资与投资循环的识别

常见舞弊手段

筹资方面：盲目筹资、企业内部集资未经批准、高负债经营、借款使用不当、隐匿资金、转移资金、还本付息计算不正确甚至存在借款欺诈。

投资方面：盲目投资，隐匿投资、保留账外资产、截留投资收益、将投资收益移作他用逃避税收、会计处理不当等。

识别技巧

借款的识别：短期借款，函证、检查记录和凭证、复核利息以及在报表上的反映是否恰当。长期借款，了解金融机构对客户企业的授信情况及信用评级情况；函证有无逾期、有无抵押，检查借款费用的会计处理是否正确、披露（一年内到期的长期借款列示）是否恰当。

投资的识别：分析安全性，计算投资收益占利润总额的比例，分析企业在多大程度上依赖投资收益；判断客户企业盈利能力的稳健性；检查投资收益，短期投资收益的处理平时都冲回成本，不产生投资收益，重点检查长期投资的股利收入，权益法与成本法的处理是否正确。在权益法下分配股利和收到股利是否重复计入"投资收益"；检查长期投资与短期投资在分类上的相互划转，是否存在为提高"流动比率"指标而随意结转的现象。

综合识别法

针对管理者舞弊或企业经营失败所造成的会计报表虚假现象，我们可以采取以下识别策略：

① 深入细致地对企业进行调查了解

对企业进行调查包括宏观经济面、行业现状、前景、本企业在行业的位置、公司高级管理人员的经营管理能力、公司的经营策略、公司的市场份额和声望，等等。比如，对于一家上市公司而言，如果其会计报表严重脱离宏观经济运行状况和行业发展状况，或者公司的经营策略有重大改变，就应列为调查分析的重点。这就需要银行信贷经理在放款前或者投资者在进行投资前，尽可能做到"了解你的客户"、"了解你的客户的业务"。

② 分析企业利润的来源与时间构成

利润表的主营业务利润是由主营业务收入减去主营业务成本和营业税金及附加后得出来的，相当于一般意义上的毛利。企业收入途径有两种：一是在主业中的经常性收入，包括主营业务收入和其他业务收入，这些收入具有可持续性、可再生性以及稳定性；二是在非营业活动中取得的非经常性收入，包括营业外收入、投资收益等，这些具有偶然性、间断性。有的企业补贴收入等偶然性项目在关键时刻出现异常后，就有可能出现虚假行为。还有一些企业利润获取时间不均匀，如前三季度业绩一般，但到了第四季度突然出现大幅增长或大幅减少等非正常现象，都有可能是企业为了某种目的而进行的粉饰会计报表行为。

以下是两种目标利润真实性特殊分析法。

关联交易剔除法是指将来自关联企业的营业收入和利润总额予以剔除，分析某一特定企业的盈利能力在多大程度上依赖于关联企业，以判断该企业的盈利基础是否扎实、利润来源是否稳定。如果企业的营业收入和利润来源主要来自关联企业，就应特别关注关联交易的定价政策，分析企业是否存在以不等价交换方式与关联企业交易从而虚增或虚减利润的现象。

关联交易剔除法的延伸运用是，将上市公司的会计报表与其母公司编制的合并会计报表进行对比分析。如果母公司合并会计报表的利润总额（应剔除上市公司的利润总额）大大低于上市公司的利润总额，就意味母公司通过关联交易将利润转移到上市公司。

异常利润剔除法是指将其他业务利润、投资收益、补贴收入、营业外收入从企业的利润总额中剔除，以分析企业利润来源的稳定性。当企业利用资产重组或股权投资等方式调节利润时，主要在这些科目中反映，因而对此类情况该方法特别有效。

③ 对应收账款和存货进行重点关注

有些企业利用虚开购货和销售发票增加收入和成本。这样一来，商品销售收入增加，商品销售成本也增加，还导致存货的异常增加。而这些虚构收入的具体表现就是应收账款。有些企业为了不让财务指标异常，往往采用一些迂回的方法将应收账款向其他应收款、预付账款转移，如先把资金汇出去，再让对方汇回来，汇出去时挂在其他应收款或预付账款的账面上，汇回来时再作为货款确认收入。因此，要特别注意其他应收款、预付账款余额过高的情况，审查其是否存在虚假销售的问题。

应收账款核算企业因销售商品、提供劳务等，应向购货单位或接受劳务单位收取的款项。这是资产负债表中非常重要的一个科目，也是需要银行信贷经理贷前重点关注的内容。应收账款是要逐笔过手的，对于那些无望收回的款项和企业不能提供其存在性证据的款项，应该从资产方减掉。其他应收款，对无望收回的款项同样应从资产方减掉。按规定，应收账款和其他应收款都要计提坏账准备。坏账准备采用备抵法，且坏账是一定要弄清楚的。

存货，原则上应该坚持眼见为实。一要实盘存货；二要看到购货发票，运费发票；三要看一下该科目与报表的整体合理性。很多企业的存货会严重贬值，应按市价和可变现净值孰低确认其账面价值。

不良资产剔除法中所说的不良资产，除包括待处理流动资产净损失、待处理固定资产净损失、开办费、长期待摊费用等虚拟资产项目外，还包括可能产生潜亏的资产项目，如高龄应收款项、存货跌价和积压损失、投资损失、固定资产损失等。其方法的运用，一是将不良资产总额与净资产进行比较，如果不良资产总额接近或超过净资产，既说明企业的持续经营能力可能有问题，也可能表明企业在过去几年因人为夸大利润形成"资产泡沫"；二是将当期不良资产的增加额和增减幅度与当期的利润总额和利润增加幅度相比较，如果不良资产的增加额及增加幅度超过利润总额的增加额及增加幅度，就说明企业当期的损益表含有"水分"。

④ 综合运用趋势分析法

趋势分析法是根据企业连续若干会计期间（至少三期）的分析资料，运用指数或动态比率的计算，比较和研究不同会计期间相关项目的变动情况和发展趋势的一种财务分析方法，也叫动态分析法。趋势分析法既可用于对财务报表的整体分析，即研究一定时期财务报表所有项目的变动趋势，也可对某些主要指标的发展趋势进行重点分析。对于分析结果，信贷经理（财务报表使用者）需要注意排除偶然性或意外性因素的影响。对于健康发展的企业，其发展规律通常应该是稳步上升或下降的趋势，但也有可能由于一些偶然性或意外性的因素，在某一分析期出现背离整个发展趋势的情形，此时信贷经理（财务报表使用者）应该深入分析其是否受一些偶然性或意外性因素的影响，从而对企业该项目的真实发展趋势做出合理判断。

⑤ 看现金流量表

现金流量表的作用是可以清楚企业一年挣了多少现金及现金等价物，其中有多少是销售商品提供劳务得来的，多少是投资和筹资得来的，有些现金是不是变卖固定资产或子公司得到的，有多少用于购买商品，有多少用于购买固定资产，有多少用于分配股利，等等。这些情况都掌握了，企业有没有足够的现金还贷款，信贷经理就心中有数了。那么，如何得到一张真实的现金流量表呢？简单的方法是用公式法计算出经营所得到的现金流量，即

$$销售商品提供劳务得到的现金 = 销售收入 + 增值税销项 + 应收账款期初减期末$$

$$- 预收账款期初减期末 \pm 调整项$$

$$购买商品接受劳务得到的现金 = 销售成本 + 应付账款期初减期末$$

$$- 预付账款期初减期末 - 存货 \pm 调整项$$

投资和筹资的现金流量因为业务发生不多可以从有关分类账上得到。

除了获得经营得到的现金、投资得到的现金、筹资得到的现金三个数据，还有一个方法就是小企业一般库存现金较少，可以直接看企业的银行存款，再看一下借款多少，变卖固定资产多少，也大体上知道了该企业的现金流量情况。

现金流量分析法是指将经营活动产生的现金流量、投资活动产生的现金流量、现金净流量分别与主营业务利润、投资收益和净利润进行比较分析，以判断企业主营业务利润、投资收益和净利润的质量。如果企业的现金净流量长期低于净利润，将意味着与已经确认为利润相对应的资产可能属于不能转化为现金流量的虚拟资产，表明企业可能存在虚增利润的情况。

伪造现金流主要是银行存款与流动资产、非流动资产的转换。具体而言，造假的目标公司将日益增多的应收账款以虚拟交易的客户名义收款进账，通过借记"银行存款"科目、贷记"应收账款"科目的分录冲销应收账款。然后在需要偿还虚拟资金时则以借出款或购货名义冲销，借记"其他应收款"科目，贷记"银行存款"科目。以购货名义冲销的，则会将应收账款转化为预付账款或存货。

⑥ 借助注册会计师或其他外部咨询机构的信息

为确保会计报表提供会计信息的真实性和可靠性，世界各国无一例外的都通过公司法或其他法规规定，公司对外报送的会计报表须经注册会计师审计，以避免或减少虚假会计报表给投资者带来的损失。因此，投资者可以通过阅读注册会计师的审计报告，了解企业会计报表的可信性。投资者应特别关注注册会计师出具的非标准审计报告，并了解其出具非标准审计报告的原因，以确定会计报表是否可信。不过在此特别提醒各位的是，目前注册会计师出具的审计报告真实性比例也比较低。

快速识别假报表： 三眼看门道

俗话讲得好，"外行看热闹，内行看门道"。银行信贷经理只要抓住这"看三眼"，基本上对目标企业把握个八九不离十。

第一眼：看两票——税票和发票

最直接最简单的办法是通过网上报税系统或者直接到税务局拿到目标企业的纳税申报表和缴纳的税票，按照行业税负推断出目标企业的收入，然后根据行业利润率推算出目标企业利润。

第二眼：看两账——银行出具的流水账和企业的银行日记账

信贷经理直接到目标企业主办银行打印出银行流水账，结合企业银行存款日记账、购货发票（预付账款、应付账款、库存材料）、销售发票（应收账款、营业收入）进行核对，推测目标企业的现金流是否正常，流入的现金和账面收入是否有较大差距，进而推测出是否存在虚假收入和利润。

第三眼：看现场

看目标企业是否存在为了获取信贷支持断断续续开工问题，进出企业的车辆包含购进原材料的和运出产成品的车辆是否正常，过磅单位、销售部门是否正常运转等。

下面就对"看三眼"做详细的介绍。

第一眼：看两票

税票和发票。

① 税票

从企业的税票看出缴纳的税金，结合国家税务总局"金税三期"税收信息管理系统网络平台，计算出缴纳的税金，计算出税负，然后估算出销售收入。行业的税负是不一致的。增值税税负率＝实际交纳税额/不含税的实际销售收入×100%所得税税负率＝应纳所得税额÷应纳税销售额（应税销售收入）×100%。营业税税负分别3%或者5%。企业所得税税负为25%，享受税收优惠的企业需要提供当地税务部门批复的优惠政策。

$$税负率＝应交税金/销售收入$$

$$＝(销项税金—进项税金/销售收入)×100\%$$

表 9-1 　　　　　　　　 增值税行业平均税负率参照表

序号	行业	平均税负率
1	农副食品加工	3.50
2	食品饮料	4.50
3	纺织品（化纤）	2.25
4	纺织服装皮革羽毛（绒）及制品	2.91
5	造纸及纸制品业	5.00
6	建材产品	4.98
7	化工产品	3.35
8	医药制造业	8.50
9	卷烟加工	12.50

续表

序号	行业	平均税负率
10	塑料制品业	3.50
11	非金属矿物制品业	5.50
12	金属制品业	2.20
13	机械交通运输设备	3.70
14	电子通信设备	2.65
15	工艺品及其他制造业	3.50
16	电气机械及器材	3.70
17	电力、热力的生产和供应业	4.95
18	商业批发	0.90
19	商业零售	2.50
20	其他	3.50

根据税负率立即计算出企业的销售收入。

More 银行信贷经理凭税票测算企业销售收入

　　某地城市银行信贷经理提供案例，有一家化工生产型企业需要贷款，他按照看税票的思路，通过纳税系统获得该化工产品企业的纳税信息。该企业本年度缴纳了增值税 3 350 万元，根据化工企业增值税税负 3.35％可以推测出该企业本年度营业收入为：3 350/3.35％＝10（亿元）。该企业提供的收入是 20 亿元，信贷经理引起了高度重视。老板一般会告诉你两个理由，一是有免税或者退税产品，影响了税负率；二是公司有两套账，其他的收入存在老板个人的银行卡上。这个时候，信贷经理应要求企业提供免税文件或者退税证明，同时查看老板个人银行卡的流水账，以证实是否有隐藏款项收入。遇到这种企业，信贷经理应该引起高度重视，既然该公司做两套账，糊弄税务局，想偷税，那么它也会糊弄银行。这样的目标企业风险极大，银行放贷要做谨慎考虑。

发票

发票主要包含购货发票、销售发票、水电费发票。

购货发票要结合入库单、进厂过磅单、运费发票来分析；水电费发票要结合公司机器开工单位时间消耗量和去年同期比较来分析。销售发票要结合"金税三期"税收信息管理系统网络平台进行分析，同时销售货物的数量要结合出库单特别是机打过磅单进行分析。

如果是制造企业，一个大概的算法就是算出该企业三年中电费与销售额的比率乘以当年的电费也会把销售额算得差不多。销售额出来了，企业的利润总额也就差不多推算出来了。

第二眼：看两账

银行出具的流水账和企业的银行日记账。

银行信贷经理对银行提供的企业流水账是务必要看的，因为它显示该企业的现金流入是否正常，通过对月度、年度的现金流入和销售收入的对比分析，重点关注资金来源，判断是销售收入资金，还是关联企业资金往来或者借款，金额是否有异常现象（例如全是整数，500万元、1 000万元等）。

另一个账是企业的银行存款日记账。重点观察分析银行回单、客户来源等。同时购货发票、销售发票也最好结合供销合同进行对比分析。

第三眼：看现场

到企业现场，了解企业是否正常开工，原材料、产品出入库是否正常，负责运送原材料、产成品的车辆运转是否正常。认真做好尽职调查。

财务报表和历史记录仅仅表明主体资信的过往情况，当地银行或合作机构口碑反映还款意愿和履约记录，帮助对其近期还款做些判断参考，公司所在区域和市场分析，团队的实力，项目现场的管理规范程度体现项目自身还款能力。同时，需要对实质控制人名下的项目收支和资产状况做整体了解。

财务报表只是一小部分的体现，更多的是现场感受、高层访谈和合作机构调查了解，项目过程中一以贯之的承做逻辑要时刻反思，为什么要做，风险在哪里，如何处置或解决，交易对手的成本收益如何，整个市场处于什么阶段，竞合机构的业务策略和风控标准，等等。

融资尽职调查的十大要诀

对目标企业的 10 个方面及 55 个子项去考察、分析、判断，最后得出意见。10 个方面、55 个子项，从宏观到微观，从大的方面到小的方面，从关键性子项到非关键性子项。前 4 个方面共有 10 个子项特别重要，只有通过了第一个方面，才能进入下一个方面，以此类推。只有看懂、弄清、通过了前 4 个方面的工作，才能进入以后 6 个方面的工作，否则，投资考察工作只能停止或放弃。

看准一个团队

1 个团队

投资是投人，是投团队，尤其要看准团队的领头人。对目标企业团队成员的要求是：富有激情、和善诚信、专业敬业、善于学习。

发掘两个优势

1 优势行业＋2 优势企业

在优势行业发掘中，寻找优势企业。优势行业是指具有广阔发展前景、国际政策支持、市场成长空间巨大的行业；优势企业是在行业中具有核心竞争力的企业。一般来说，优势企业其核心业务或主营业务突出，企业的核心竞争力突出，超越其他竞争者。

弄清三个模式

1 业务模式＋2 盈利模式＋3 营销模式

就是弄清目标企业是如何挣钱的。业务模式是企业提供什么产品或服务，业务流程如何，包括业务逻辑是否可行，技术是否可行，是否符合消费者心理和使用习惯等，企业的人力、资金、资源是否足以支持；盈利模式是指企业如何挣钱，通过什么手段或环节挣钱；营销模式是企业如何推广自己的产品或服务，销售渠道、销售激励机制如何等。好的业务模式必须能够盈利，好的盈利模式必须能够推行。

查看四个指标

1 营业收入＋2 营业利润＋3 净利率＋4 增长率

PE 投资的重要目的是：目标企业尽快改制上市。因此关注、查看目标企业近三年的上述前两个指标尤为重要。PE 投资非常看重盈利能力和成长性，因此上述的后两个指标也成为重要关注对象。净利率是销售利润率，表达了一个企业的盈利能力和抗风险能力，增长率可以迅速降低投资成本，让投资人获取更高的投资回报。把握了这四个指标，就基本把握了项目的可投资性。

厘清五个结构

1 股权结构＋2 高管结构＋3 业务结构＋4 客户结构＋5 供应商结构

厘清五个结构，可以让投资人对目标企业的具体结构很清晰，便于判断企业的好坏优劣。

（1）股权结构：主次分明，主次合理。

（2）高管结构：结构合理，优势互补、团结协作。

（3）业务结构：主营突出，不断研发新产品。

（4）客户结构：既不分散也不太集中，客户有实力。

（5）供应商结构：既不分散也不太集中，质量有保证。

考察六个层面

1 历史合规＋2 财务规范＋3 依法纳税＋4 产权清晰＋5 劳动合规＋6 环保合规

（1）历史合规：企业历史沿革合法合规，在注册资金、股权变更等方面无重大历史瑕疵。

（2）财务规范：财务制度健全，会计标准合规，坚持公正审计。

（3）依法纳税：照章纳税方面不存在任何问题。

（4）产权清晰：企业的产权清晰、到位（含专利、商标、房产等），不存在纠纷。

（5）劳动合规：严格执行劳动法规。

（6）环保合规：企业生产经营符合环保要求，不存在搬迁、处罚等隐患。

落实七个关注

1 制度汇编＋2 例会制度＋3 企业文化＋4 战略规划＋5 人力资源＋6 公共关系＋7 激励机制

七个关注是对目标企业细小环节的关注。

（1）制度汇编：查看企业的制度汇编可以迅速认识企业管理的规范程度。

（2）例会制度：询问企业的例会情况（含总经理周例会、董事会例会、股东会例会）能够了解规范管理情况，也能了解企业高管对股东是否尊重。

（3）企业文化：通过了解企业的文化建设，能知道企业是否具有凝聚力和亲和力，是否具备长远发展的可能。

（4）战略规划：了解企业的战略规划情况，可以知道企业的发展有无目标，查看其目标是否符合行业经济发展的实际方向。

（5）人力资源：了解企业对员工的培训情况、激励计划、使用办法，可以了解企业是否能充分调动全体员工发展业务的积极性和能动性，考察企业的综合竞争力。

（6）公共关系：了解企业的公共关系策略和状况，可以知道企业是否注重企业形象和品牌，是否具备社会公民意识，是否具有社会责任意识。

（7）激励机制：一个优秀的现代企业应该有一个激励员工、提升团队的机制或计划，否则企业难以持续做大做强。

分析八个数据

1 总资产周转率＋2 资产负债率＋3 流动比率＋4 应收账款周转率
（应收账款周转天数）＋5 销售毛利率＋6 净值报酬率＋7 经营活动净现金
流＋8 市场占有率

在厘清四个指标的基础上，很有必要分析一下这八个数据，以便对目
标企业进行更深度地分析、判断。

（1）总资产周转率：表示多少资产创造多少销售收入，表明一个公司
是资本密集型还是轻资产型。该指标反映资产总额的周转速度，周转越
快，反映销售能力越强，企业可以通过薄利多销的办法，加速资产周转，
带来利润绝对数的增加。

　　总资产周转率＝销售收入÷平均总资产

（2）资产负债率：资产负债率是负债总额除以资产总额的百分比，也
就是负债总额与资产总额的比例关系。资产负债率反映总资产中多大比例
是通过借债来筹资的，也可以衡量企业在清算时保护债权人利益的程度。
资产负债率的高低，体现一个企业的资本结构是否合理。

　　资产负债率＝负债总额÷资产总额×100％

（3）流动比率：流动比率是流动资产除流动负债的比例，反映企业的
短期偿债能力。流动资产是最容易变现的资产，流动资产越多，流动负债
越少，则短期偿债能力越强。

流动比率＝流动资产÷流动负债

（4）应收账款周转率（应收账款周转天数）：应收账款周转率反映应收账款的周转速度，也就是年度内应收账款转为现金的平均次数。用时间表示叫应收账款周转天数，也叫平均收现期，表示自企业取得应收账款的权利到收回款项、转换为现金所需要的时间。一般来说，应收账款周转率越高、平均收账期越短，说明应收账款回收越快。否则，企业的营运资金会过多地滞留在应收账款上，会影响正常的资金周转。

应收账款周转率＝销售收入÷平均应收账款

应收账款周转天数＝360÷应收账款周转率

（5）销售毛利率：销售毛利率表示每一元销售收入扣除销售产品或商品成本后，有多少钱可以用于各期间费用和形成利润，是企业销售净利率的最初基础，没有足够大的毛利率便不能盈利。

销售毛利率＝（销售收入－销售成本）÷销售收入×100％

（6）净值报酬率：净值报酬率是净利润与平均股东权益（所有者权益）的百分比，也叫股东权益报酬。该指标反映股东权益的收益水平。

净值报酬率＝（净利润÷平均股东权益）×100％

（7）经营活动净现金流：经营活动净现金流是企业在一个会计期间（年度或月份，通常指年度）经营活动产生的现金流入与经营活动产生的现金流出的差额。这一指标说明经营活动产生现金的能力，企业筹集资金额根据实际生产经营需要，通过现金流量表，可以确定企业筹资总额。一般来说，企业财务状况越好，现金流量越多，所需资金越少；反之，财务状况越差，现金流量越少，所需资金越多。一个企业经营净现金流量为负，说明企业需要筹集更多的资金才能满足目前生产经营所需，否则企业正常生产经营难以为继。

（8）市场占有率：也可称为"市场份额"，是企业在市场上所占有的百分比，是企业的产品在市场上所占份额，也就是企业对市场的控制能力。企业市场份额的不断扩大，可以使企业获得某种形式的垄断，这种垄断既能带来垄断利润又能保持一定的竞争优势。当一个企业获得市场25%的占有率时，一般就被认为控制了市场。市场占有率对企业至关重要，一方面，它是反映企业经营业绩最关键的指标之一；另一方面，它是企业市场地位最直观的体现。市场占有率是由企业的产品力、营销力和形象力共同决定的。

走好九个程序

1 收集资料＋2 高管面谈＋3 企业考察＋4 竞争调查＋5 供应商走访＋6 客户走访＋7 协会走访＋8 政府走访＋9 券商咨询

要做好一个投资项目，有很多程序要走，不同的目标企业要分别对待，采取的程序也应该有所不同，但是以下九个程序是应该坚持履行的：

（1）收集资料：通过多种形式收集企业资料。

（2）高管面谈：PE 投资的一个初步环节也是非常重要的环节。依据以往经验，往往能很快得出对目标企业业务发展、团队素质的印象。有时一次高管接触，你就不想再深入下去了，因为印象不好。第一感觉很重要，也比较可靠。

（3）企业考察：对企业的经营、研发、生产、管理、资源等实施实地考察；对高管以下的员工进行随机或不经意的访谈，能够得出更深层次的印象或结论。

（4）竞争调查：梳理清楚该市场中的竞争格局、对手的情况。通过各种方式和途径对竞争企业进行考察、访谈或第三方评价；对比清楚市场上各种竞争力量及其竞争优劣势。对竞争企业的信息和对比，掌握得越充分，投资的判断就会越准确。

（5）供应商走访：了解企业的采购量、信誉，可以帮助判断企业声誉、真实产量和受欢迎程度，了解企业真实销售情况，了解竞争企业情况，同时，客户自身的档次和是否优质也有助于判断企业的市场地位、市场需求的潜力和可持续程度。

（6）客户走访：了解客户存在的真实性，交易的真实性。

（7）协会走访：了解企业的行业地位和声誉，了解行业发展态势。

（8）政府走访：了解企业的行业地位和声誉，了解政府对企业所处行业的支持程度。

（9）券商咨询：针对上市可行性和上市时间问题，咨询券商对判断企业成熟度有重要作用。

报告十个内容

1 企业历史沿革＋2 企业产品与技术＋3 行业分析（机会与威胁）＋4 企业优势及不足＋5 发展规划＋6 股权结构＋7 高管结构＋8 财务分析＋9 融资计划＋10 投资意见

尽职调查报告是对前期工作的总结，是最终决策的依据，因此，至少应报告以下 10 个方面的内容：

（1）企业历史沿革：股权变动情况、重大历史事件等。

（2）企业产品与技术：公司业务情况、技术来源。

（3）行业分析：行业概况、行业机会与威胁、竞争对手分析。

（4）优势与不足：企业有哪些优势，哪些是核心竞争力；存在不足或缺陷，有无解决或改进办法。

（5）发展规划：企业的近期、中期的发展规划和发展战略；以及发展规划的可实现性。

（6）股权结构：股权结构情况，合理性分析。

（7）高管结构：高管人员和技术人员背景情况、优势、劣势分析。

（8）财务分析：近年各项财务数据或指标情况及分析。

（9）融资计划：企业发展计划和融资计划及融资条件。

（10）投资意见：投资经理对项目的总体意见或建议。

智 慧 阅 读 财 务 报 表　■ ■ ■ ■ ■ ■ ➡

第十章

向巴菲特学习如何分析财务报表

本章导航

巴菲特如何分析财务报表

巴菲特的财务报表分析框架

巴菲特财务报表分析八法

巴菲特如何分析财务报表

价值投资，最重要的不是投资，而是价值。知道价值多少，投资就很简单了：等到价格明显低于价值，相当于打六折、五折甚至两折，这时买入就行了。

问题是，价格一清二楚，但价值却模模糊糊，看不见、摸不着，10个人估值，却有20个答案，因为同一个人不同的时候根据不同的信息也会作出不同的判断。

有一种估值的方法实务界和学术界没有争议，就是用现金流量贴现的方法。听起来很专业，但巴菲特解释得很通俗——把股票当债券看，都用你得到的现金回报衡量，如果你当公司股东以目前价格收购整个公司的投资收益率，比当国家的债主买长期国债的投资收益率高很多，就值得买入。巴菲特买股票如同买长期国债，目的是寻找一个超级赚钱机器，像债券那样稳定，创造的现金流量却更多。

计算现金流量，比计算其他财务指标简单多了，因为它和你计算自己一年挣了多少钱、又花了多少钱、最后净剩下多少钱完全一样。计算很简单，但预测很不简单。巴菲特说，未来是永远看不清楚的，即使是老手也很容易预测错误。那么如何避免犯下重大的预测错误呢？巴菲特提供了两个方法：

第一是限制范围，只预测你非常熟悉而且业务十分简单稳定的公司。

第二是价格上留有足够安全边际，即大大低于预测的价值，即使自己犯错高估一些，仍有较大的赚钱余地，其实相当于做最保守的预测。

① 把自己当做一台赚钱机器预测自己的现金流量，准确性蛮高，为什么？

第一，你非常熟悉自己，非常了解自己的业务（就是你的工作），你能大概估计你未来几年的现金流入流出（就是每年大概会赚多少钱，花多少钱，最后能存多少钱）。

第二，你预测自己的现金流量时，非常保守，你不会盲目预测自己的工资会持续大幅增加，你也不会轻信老板会发很多年终奖的口头承诺，你只算你有很大把握拿到的钱。相反，在你计算支出时，会把结婚、生子、买车、买房、生病等可能的支出尽可能多地考虑在内。

② 在预测上市公司这台赚钱机器的现金流量时却经常犯错，又是为什么？

因为你不像预测自己那样坚持同样的两个原则。

第一，你不熟悉这家公司，不了解公司的业务，或者公司的业务非常复杂难懂，你在这方面的知识、能力、经验根本不够，再努力也搞不懂。可是你不是知难而退，避而远之，而是知难而上，不懂装懂，大胆预测。

第二，你预测公司的现金流量时，不够保守。你经常假设公司过去几年的收入和盈利增长率将会持续保持很多年，甚至假设增长率还会大幅提高。而你预测成本费用时，没有考虑人工和原料成本的上升、技术的过时，或者往往低估。这样预测的现金净流量过于乐观，一旦宏观经济和行业发展出现你想象不到的意外，如金融危机，如低温、暴雪、地震，你的预测会错得离谱。

③ 可口可乐是不是好公司？

很多人盲目相信别人的分析、别人的推荐，盲目相信公司过去的良好业绩记录，简单地认为，公认的好公司就可以闭着眼睛买，结果闭着眼睛跳进火坑。

可口可乐是不是好公司？巴菲特6岁开始在街上卖可口可乐，26岁开始管理投资，1988年他58岁才开始买入可口可乐，他说自己整整观察研究可口可乐52年之后才开始大笔买入。他两年买入13亿美元，10年后涨到134亿美元，一只股票赚了121亿美元。可口可乐是公认的好公司，但巴菲特为什么不从一开始就闭着眼睛买入，却整整研究了52年？即使是从他管理投资开始算起，也关注了32年之久。

④ 选股如选妻

巴菲特常说："选股如选妻。"结婚娶妻，很简单，领个结婚证，花钱买房办婚礼就行了。结婚不难选妻难，选到一个你认为既适合自己的要求又长期稳定可靠的女孩，太难了。选到一个符合巴菲特要求的公司，业务一流、管理一流、业绩一流，而且未来长期稳定可靠，太难了。巴菲特找了一辈子，只找到几个未来必定如此的好公司，加上一些未来有较大可能如此的公司。

这也就可以解释，巴菲特经常谈估值，但很少人见到他作估值。巴菲特的传记作者翻遍了巴菲特档案室，也没有发现巴菲特任何估值的表格和公式，只有一张张他亲手记录的公司年度和季度财务数据。为什么？因为估值太简单了，用预测的现金流量一算投资收益率每年能否超过15%就行了。

⑤ "别人喜欢看《花花公子》杂志，而我喜欢看公司财务报告。"

为什么巴菲特投资赚的钱比别人都多？

巴菲特最重要的工作，是分析公司多年的财务数据，判断公司业务、管理和业绩的稳定性，如果具有稳定性，就可以轻松预测其未来几年的现金流量。所以他说，他最重要的工作是阅读，阅读最多的是上市公司的年度和季度财务报告。

巴菲特说："只有你愿意花时间学习如何分析财务报表，你才能够独立地选择投资目标。"所以，如果你不能从财务报表中看出上市公司是真是假、是好是坏，那么就别在投资圈里混了。

如何分析利润表

在分析利润表时，巴菲特认为重要的是调查公司收益的质量，并且研究清楚其来源，弄明白数字背后的公司运营状况。

① 长期运行状况优秀的公司往往具有始终如一的高毛利润率水平

长期运行状况优秀的公司往往具有始终如一的高毛利润率水平，因为其持久的竞争优势使得其可以在成本基础上相对自由的定价。如果利润率大于40%，说明公司具有持久的竞争优势；如果利润率低于40%，说明公司的竞争能力遭遇压力；而不到20％的利润率水平，则说明公司没有可持续的竞争优势。

② 销售费用和管理费用要与毛利润具有一致性

销售费用和管理费用要与毛利润具有一致性，没有持久竞争优势的企业往往其销售费用和管理费用与毛利润的比例变化幅度较大。费用不到毛利润的30％是非常优秀的，如果接近100％，则说明公司处于竞争激烈的行业。

③ 关注公司的研发费用

关注公司的研发费用时要注意，如果公司的竞争优势是基于自身专利或高科技优势，那么将来某些时候，这些竞争优势可能会消失。高研发费用通常导致费用过高，从而威胁公司的竞争能力。

④ 使用税息折旧及摊销前利润（EBITDA）衡量公司现金流具有误导性

使用税息折旧及摊销前利润（EBITDA）作为衡量公司现金流的指标是非常具有误导性的。因为具有持久的竞争优势的企业的折旧，相比自身毛利往往比例较低。这些企业的折旧基本不影响其现金流水平。

⑤ 利息支出与营业收入的比率最低的公司通常具有竞争优势

如果公司的利息支出占营业收入的比例较高，往往预示着以下情况：
①公司处于竞争激烈的行业，需要大量的资本开支，以保持竞争力；
②公司的业务具有良好的运行效率，因此需要借入债务快速发展。
但是，具有持久的竞争优势的企业往往只有很少或根本没有利息支出。巴菲特最爱的消费类公司的利息支出都低于其营业收入的15％。当

然，在不同的行业利息支出水平会不相同。公司借债后支付的利息水平是公司风险的一个参照。在任何行业，利息支出与营业收入的比率最低的公司通常是一个具有竞争优势的公司。

净盈利比每股收益更重要

在净盈利方面，要寻找盈利不断向上持续增长的公司。由于股票回购的原因，所以净盈利趋势和每股收益趋势有所不同，所以净盈利比每股收益更重要。具有持久竞争优势的公司，其净盈利与总收入的比例较高。如果一家公司的净利润率水平总是大于20％，那么可以判断其具有长期的竞争优势；如果净利润率低于10％，那么公司可能处于一个高度竞争的行业中。

如何解释资产负债表

巴菲特在解释资产负债表中的现金及现金等价物时指出，如果该项目数值较高，则可能是：

（1）公司业务拥有竞争优势，从而创造了大量的现金，比如苹果公司；

（2）公司只是刚刚出售了某个业务，或者新融资获得资金，这不一定是好事。

如果此项目数值较低，则通常是因为公司的业务比较一般。当一家公司正在遭受一个短期困境时，巴菲特会看它持有的现金或有价证券，以判断该公司是否能够有能力克服面临的问题。如果公司拥有大量的现金和有价证券，并且公司债务较少，则公司的业务很可能安然度过艰难时期。

① 寻找那些库存和净收益同步增长的公司

具有持久竞争优势的制造型企业，其生产的产品一般不会有太多变动，因此也不会有过时的风险，巴菲特就喜欢这样的公司。寻找那些库存和净收益同步增长的公司，因为这表明公司在有利可图的市场上销售增长，因此需要增加库存。存货的上涨和下降，往往是制造业繁荣和萧条的重要指标。

② 应收账款净额反映同行业中不同竞争对手的经营策略

应收账款净额会反映同行业中不同竞争对手的经营策略。在完全竞争性的行业中，一些企业为了试图获得优势，往往会提供更好的提货条件，从而使销售额和应收账款有所增加。如果某家公司的应收账款净额与销售总额的比例始终比竞争对手低，则说明它通常具有某种竞争优势，这就值得投资者进一步挖掘。

③ 具有持久竞争优势的企业不需要不断升级其装备以保持竞争力

具有持久竞争优势的企业不需要不断升级其装备以保持竞争力。而没有竞争优势的公司为了跟上行业的发展就必须频繁地更换设备。而是否拥有"护城河"[1]的一个区别就是，具有竞争优势的公司通过内部自生的现金流购置新设备，而没有任何优势的公司要靠债务融资。生产稳定产品的公司不需要改变生产设备，便可以保持稳定的利润，其产生的

---

[1] 护城河：指公司具备足够的竞争优势，能抵御其他竞争对手对自己盈利空间的蚕食。投资要投具有护城河的公司。

现金可以用于其他的有利可图的投资，比如可口可乐和强生公司就是如此。

如果看到公司的商誉出现增长，你可以假设那是因为公司以高于账面价值的价格买入了其他公司，如果购入的业务是具有持久竞争力的，那么可以认为商誉的上涨是积极的。另外，具有"护城河"的企业从来不会以低于账面价值的价格出售。

④ 隐藏的资产是公司保持竞争优势的原因之一

收购的无形资产会按公允价值表现在资产负债表上。而内部开发的品牌，比如可口可乐和箭牌等，并不反映在资产负债表中，但这份隐藏的资产正是公司保持竞争优势的原因之一。

⑤ 资本进入壁垒是保持持久竞争优势的原因之一

资本进入壁垒是保持持久竞争优势的原因之一，公司的总资产回报率比单纯的净资产收益率更重要，巴菲特认为高净资产收益率可能预示着公司竞争优势的脆弱性。例如，使用 430 亿美元复制可口可乐是不可能的，但是使用 17 亿美元复制穆迪是现实的，虽然穆迪公司的净资产收益率比可口可乐要高很多，但是由于其较低的资本进入壁垒，其高收益的持续性是脆弱的。

⑥ 要远离那些实行短期借款周转策略的公司

流动负债包括应付账款、预提费用、其他流动负债和短期债务等。巴菲特告诫投资者，要远离那些实行短期借款周转策略的公司，这些公司的短期借款比长期债务多很多，比如贝尔斯登公司。他最喜欢的是富国银行，其短期债务与长期债务比例为 57：100，而像美洲银行这样的激进银行，该比例为 209：100。从中我们可以看出，保守的稳定策略会让公司经营更持久。

⑦ 公司具有很少或没有长期债务往往意味着该公司值得投资

巴菲特说，具有持久竞争优势的公司一般没有或者只有很少的负债，因为公司盈利很好，即使扩张或者收购，公司也可以用自有资金解决。如果公司在过去 10 年里几乎没有长期债务，那么该公司应该具有某种强大的竞争优势。如果公司有足够的盈利能力，其在 3 至 4 年内的盈利能够付清全部长期债务，那么它也是具有长期竞争优势的公司的候选者。但是，这些公司的目标可能是进行不断的收购，因此其持有长期债务。如果一切都表明公司拥有"护城河"，但它有着由于收购导致的巨量债务，在这种情况下，该公司的债券是很好的投资选择，因为该公司的盈利被重点用于还清债务，而不是增长。总之，公司具有很少或没有长期债务往往意味着该公司值得投资，如果债务与股东权益比率小于 0.8，则表明公司拥有持久的竞争优势。

⑧ 未分配利润是公司是否具有持久竞争优势的最重要指标之一

未分配利润是巴菲特认为公司是否具有持久竞争优势的最重要指标之一。净盈利可以用于支付股息、回购股票或投资获得新的增长。如果该公司的损失超过了其原有的累积未分配利润，则未分配利润为负值，如果一个公司在经营中没有增加其留存收益，则表明其资产净值没有增长。未分配利润的增长速度是判断公司是否从竞争优势中持续不断获益的很好指标。以该指标来看，微软公司的增长速度是不乐观的，因为它选择了将利润用于回购股票和支付股息。公司保留更多的盈利，代表其未来具有更快的增长速度，其未来盈利将不断增长。

⑨ 拥有库藏股代表公司具有持久的竞争优势

在资产负债表上库藏股为负值，因为它代表了股东权益的减少。有"护城河"的公司有很多的现金，因此拥有库藏股代表公司具有持久的竞争优势。当公司回购股票并以库藏股形式持有时，它有效地降低了公司的股权份额，增加了股东权益的报酬率。高回报是竞争优势的一个标志，但是投资者需要清楚回报是由财务杠杆还是由经营业务带来的。投资者可以将库藏股转换成一个正值，把它添加到股东权益里，然后用净盈利除以新股东权益，这可以去除财务杠杆的影响，用此收益与过去几年每股收益对比，比较公司的盈利变化情况。当然，如果公司有着长期回购的历史，也说明公司拥有竞争优势。

如何解释现金流量表

巴菲特认为，不要投资电话公司，因为这些公司有着巨大的资本支出。具有持久竞争优势的公司的资本支出只占盈利的很小部分。可以将公司 10 年的总资本支出与 10 年总盈利状况对比，从历史数据低于 50％的公司中寻找具有持久竞争优势的公司，如果该数据低于 25％，说明其非常可能具有竞争优势。

沃伦·巴菲特每年都会在其写给股东的信中提出发人深省的真知灼见，他所写的信和所讲的话也体现出他有着卓越的洞察力和投资知识。我们都知道巴菲特会仔细研究公司的财务报表，但关于如何选择公司的细节问题，巴菲特很少透露。不过，在《沃伦·巴菲特如何解读财务报表》一书中，巴菲特向我们解释了他是如何分析财务报表的。

More 一张图看懂上市公司年报

与公司财务风险有关

■在年报的重要提示栏注意会计师事务所是否出具了标准无保留意见的审计报告。特别关注出具保留意见的审计报告。否定意见和无法表示意见的审计报告在上市公司中比较少见。
■注意近几年是否频繁地更换会计师事务所。
■选择第一大股东持股比例高（30%以上）的公司，可以强有力控制管理层。
■关注资产负债表中货币资金与流动负债比，20%为好，低于20%短期偿债能力受影响，高于20%或者比例过高，产生机会成本。
■关注交易性金融资产并考虑其风险。

■其他应收款越少越好。
■重点关注预付账款大幅度增加的情况，影响公司信用和原材料及设备采购。
■一年以内的应收账款比例应大于85%以上。
■注意应收账款的计提减值准备构成。自我要求严格的公司会将三年以上的应收账款全部计提。
■一般而言，当公司的收款政策无重大变化时，期末应收账款与当期营业收入应呈现同向变化；营业收入不变或持续增加时，应收账款余额的减少可能代表公司的收款速度加快了，或者是公司刻意制造了一种假象。

■应收账款与营业收入应保持稳定的比例关系。如应收账款突然大幅增加且与营业收入的比例提高，这不是个好兆头。而如果应收账款大幅减少，营业收入大幅提高，说明企业产品竞争力提高了。
■应特别注意公司存货增减变动的情况是否合理，并与同业比较作为参考。

■存货的构成要关注材料、产品的比重。是否存在跌价、变质存货。关注存货发出的会计政策。
■关注报表披露的存货周转天数和应收账款周转天数，并与同行业比较。
■关注投资性房地产金额，公司用于经营租赁的资产比重表达未来持续收益。

■关注长期股权投资，并注意投资产业方向、近几年增减变化及投资收益的稳定性。
■注意在建工程有没有拖了几年都没完工的情况。
■当固定资产持续增加时，投资者应将此情况作为警讯。
■固定资产方面应注意公司是把钱投了豪华办公楼，还是投向了生产和研发。
■关注固定资产的折旧政策。盈利强的公司会倾向于缩短折旧时间。与同行业相比，如果折旧时间过长，不是好事情，应关注折旧时间短的公司。

■注意长期待摊费用（期限一年）的组成，特别要注意是否包括了本应在当期列入费用的广告费。
■关注无形资产大幅度增加情况，是否涉及重组及商誉。
■注意担保数额占净资产的比例不要超过10%。
■如果上市公司互为担保，要注意多米诺骨牌效应。
■注意递延所得税资产，与缴纳税金有关。

与公司竞争力有关

■真正有实力的公司借款一般是通过无担保信用借款，可注意上市公司在银行内部评级中是否打到AA-级别，从另一方面可以考察公司的实力。
■好公司的银行借款一般是长期借款大于短期借款。
■如果产品热销，公司的应收票据里银行承兑汇票比例大，商业承兑汇票比例小，应收账款比例小。
■注意企业营销收入的增长有没有引起销售费用的相应增长，或者应收账款是否大幅增长。
■存货与营业收入也应保持稳定比例关系。

■注意成本构成中的三项费用增长比例应低于营业收入的增长比例。

■关注其他业务利润是否大幅增加。

■关注营业外收入与支出，涉及资产回购与处置，有可能虚增利润。

■如果投资收益占利润总额的比重比较大，应特别关注。同时与主业经营利润做比较，看公司是否做到主业突出。

■关注企业税负。

■注意关联交易的数额，看是否存在虚假交易进而虚增利润的情况。

■关注资产负债表日后事项，重大投资活动、法律诉讼、或有负债。

■注意股东大会决议有关管理层人员变动情况的披露。

■关注股东大会决议分红事项。

■关注公司股权变动，注意前十大流通股股东的变化情况。

■可将经营性现金净额与净利润比较，如果经营性现金净额明显大于净利润，必须小心。通常原因是：

①公司销售回款速度下降，显示产品不畅销；

②存货出现积压，采购业的原材料尚未形成产品或产品尚未销售。由此导致企业没有足够现金来扩大生产，并且可能从银行贷款，进而增加了企业的利息负担。为了验证，可以查上市公司资产负债表中的应收账款和存货是否明显增加。

■如经营现金净额长期明显低于净利润，甚至为负数，则是非常危险的信号。这说明企业长期处入不敷出的状况，特别是当企业负债很高时，若经营现金净额仍为负数，则可能演化为巨额亏损。

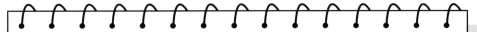

■如果经营性现金净额大大超过净利润,可能是预收账款大幅增加,也可能使企业压低利润。可以通过查询年报中会计政策是否改变以及坏账准备和存货减值准备是否大幅增加来判断。还有可能是某些公司由于行业特殊性,费用支出和收入实现不是同一年产生,比如资本密集型企业存在较多固定资产,而固定资产折旧虽然每年纳入公司成本,但不会产生现金流出。

■关注具体分类产品的毛利率变化,可以看出企业产品的竞争力变化。

■低成本型企业的竞争力指标:低毛利率,资本周转率最好逐年提高,流动比率最好保持逐年下降。而能否维持高毛利率则是判断企业是否具有差异化竞争优势的有效指标。不管什么公司其最终目的是赚钱,对此可以通过利润率判断企业的赚钱能力。

■虽然流动比率的降低可以增大企业的经营性现金流,但是如果企业没有竞争优势和管理效率,却通过拉长应付账款或其他应付负债的应付时间,可能产生副作用。有可能使供应商采取以下不利于企业发展的行为:提高售价、降低优先供货的意愿、降低供货质量、怀疑清偿货款的能力。如果上述负面因素产生,征兆是:当应付款增加而营收衰退或者增长不如预期,可能代表上述负面因素正发生作用。

■如果企业的经营性现金净额少于净利润或负值,则必须查明是否为应收账款或存货暴增引起。如果不是因为以上因素,流动资产的安全性与流动性良好,应该可以接受;如果是以上因素引起,则必须警惕。

■如果股本与溢价占股东权益比率过高,表明公司可能不断通过现金增资,向股东取得资金,在资本市场上属于负面消息。

■盈余资本与股东权益的比率可以相对透露企业的竞争力。

■资产比负债更危险,必须注意重资产型、投资型企业资产中的减值风险。

巴菲特的财务报表分析框架

对于外部投资者，唯一能够得到的公司财务信息就是公开披露的财务报表。他们分析报表的目的是分析企业，预测企业未来的长期盈利能力，在此基础上进行股票估值并做出投资决策。因此投资者的财务报表分析必须和公司业务分析充分结合。

学术界提出的财务分析框架过于注重适用于所有企业，并不特别适用于少数具有强大竞争优势几乎垄断行业的超级明星企业。而巴菲特进行财务报表分析的目的不是分析所有公司，而是寻找极少数超级明星："我们始终在寻找那些业务清晰易懂、业绩持续优异、由能力非凡并且为股东着想的管理层来经营的大公司。这种目标公司并不能充分保证我们投资盈利：我们不仅要在合理的价格上买入，而且我们买入的公司的未来业绩还要与我们的预测相符。但是这种投资方法——寻找超级明星——给我们提供了走向真正成功的唯一机会。"请注意"我们买入的公司的未来业绩还要与我们的预测相符"，对企业未来长期盈利能力的正确预测是财务报表分析的核心。

结合巴菲特过去 40 多年致股东的信中进行的财务报表分析，我总结出巴菲特寻找超级明星公司的财务分析框架是：第一步进行业务分析，确

定企业具有持续竞争优势的"护城河";第二步分析企业财务数据的真实
合理性,把财务报表数据还原成真实的业务数据;第三步对报表进行财务
比率分析,确定企业过去长期的盈利能力、偿债能力、营运能力;第四步
结合业务分析和财务分析确定企业是否为一个未来长期盈利能力超高的超
级明星企业。如果是,就可以基于长期盈利能力预测进行保守的估值,对
比市场价格确定企业是否值得投资。

第一步,持续竞争优势分析

巴菲特进行业务分析时,首先关注的是"业务简单易懂(如果涉及太
多技术,我们将无法理解)"。如果你连公司的业务也搞不懂,就不要看报
表了。

巴菲特对于自己认为业务简单易懂的企业进行分析时,最关注的是持
续竞争优势:"对于投资来说,关键不是确定某个产业对社会的影响力有
多大,或者这个产业将会增长多少,而是要确定所选择的任何一家企业的
竞争优势,而且更重要的是确定这种优势的持续性。那些所提供的产品或
服务具有很强竞争优势的企业能为投资者带来满意的回报。"

第二步,财务报表数据质量分析

巴菲特(1990)指出,会计数据看似精确其实经常被企业管理层歪曲
和操纵:"'利润'这个名词总是会有一个精确的数值。当利润数据伴随着
一个不合格会计师的无保留审计意见时,那些天真的投资人可能就会以为

利润数据像圆周率一样是精确无误的，可以精确计算到小数点后好几十位。可是，事实上，如果是一个骗子领导一家公司出具财务报告时，利润就像油灰一样，想要什么样子，就可以操纵成什么样子。尽管最后真相一定会大白，但在这个过程中一大笔财富已经转手。事实上，一些美国大富豪通过会计造假编造出来如同海市蜃楼的发展前景来推高公司股价为自己创造了巨额财富……这些会计操纵方法在美国大型公司财务报表中屡见不鲜，而且全部都由那些大名鼎鼎的会计师事务所出具无保留意见。非常明显，投资人必须时时提高警惕，在试图计算出一家公司的真正的'经济利润'（economic earnings）时，要把会计数据作为一个起点，而不是一个终点。"

巴菲特告诉我们，要看透企业管理层操纵财务报表数据就必须精通财务会计："当企业管理者想解释清企业经营的实际情况时，可以在财务会计规则的规范下做到合规地实话实说。但不幸的是，当他们想要弄虚作假时，起码在一部分行业，同样也可以在财务会计规则的规范下做到合规地谎话连篇。如果你不能看明白同样合规的报表究竟说的是真是假，你就不必在投资选股这个行业做下去了。"

如果你发现企业财务报表中存在多处操纵歪曲甚至弄虚造假的情况，那么对这种公司离得越远越好。

第三步，财务比率分析

如果前两步确定公司持续竞争优势非常强大，企业财务报表数据真实可靠，那么，下一步就是用财务比率来分析企业的报表。巴菲特收购企业的标准，其中两条是"公司少量举债或不举债情况下良好的股东权益收益率水平"和"良好的管理"。可见巴菲特最关注的是企业的盈利能力、偿债能力和营运能力。

巴菲特衡量盈利能力的主要财务指标是股东权益收益率，还包括销售净利率、销售毛利率、股东权益营业利润率等辅助指标。

巴菲特衡量偿债能力的主要指标是资产负债率，还包括流动比率、营业资本、利息保障系数等辅助指标。

巴菲特衡量营运能力的主要指标是资产周转率，包括应收账款周转率、固定资产周转率等辅助指标。

第四步，盈利稳不稳：未来长期盈利能力稳定性分析

巴菲特分析财务报表只有一个目的——预测企业未来长期盈利能力。巴菲特选择企业的标准是"显示出持续稳定的盈利能力（我们对未来盈利预测不感兴趣，我们对由亏转盈的'反转'公司也不感兴趣）。""我们的重点在于试图寻找到那些在通常情况下，未来10年或者15年或者20年后的经营情况是可以预测的企业。"

巴菲特说他寻找的是"注定必然如此"非常容易预测的优秀公司："在可流通的证券中，我们寻找相似的可预测性……像可口可乐和吉列这样的公司很可能会被贴上'注定必然如此'的标签。"

巴菲特说："一家真正伟大的企业必须拥有一个具有可持续性的'护城河'，从而能够保护企业获得非常高的投资回报。"

巴菲特财务报表分析八法

我们不仅要以合理的价格买入股票，而且公司未来的业绩还要与我们的预测相符。这种投资方法——寻找超级明星——给我们提供了走向真正成功的唯一机会。

巴菲特运用八种方法分析公司财务报表，我们称之为巴菲特财务报表分析八法：

垂直分析：确定财务报表结构占比最大的重要项目

垂直分析，又称为纵向分析，实质上是结构分析。第一步，计算确定财务报表中各项目占总额的比重或百分比。第二步，通过各项目的占比，分析其在企业经营中的重要性。一般项目占比越大，其重要程度越高，对公司总体的影响程度越大。第三步，将分析期各项目的比重与前期同项目比重对比，研究各项目的比重变动情况，对变动较大的重要项目进一步分析。经过垂直分析法处理后的会计报表通常称为同度量报表、总体结构报表、共同比报表。以利润表为例，巴菲特非常关注销售毛利率、销售费用率、销售税前利润率、销售净利率，这实质上就是对利润表进行垂直分析。

水平分析：分析财务报表年度变化最大的重要项目

水平分析法，又称横向比法，是将财务报表各项目报告期的数据与上一期的数据进行对比，分析企业财务数据变动情况。水平分析进行的对比，一般不是只对比一两个项目，而是把财务报表报告期的所有项目与上一期进行全面、综合的对比分析，揭示各方面存在的问题，为进一步全面深入分析企业财务状况打下基础，所以水平分析法又是会计分析的基本方法。这种本期与上期的对比分析，既要包括增减变动的绝对值，又要包括增减变动比率的相对值，才可以防止得出片面的结论。每年巴菲特致股东的信第一句都是："伯克希尔公司每股净资产比上一年度增长的百分比……"

趋势分析：分析财务报表长期变化最大的重要项目

趋势分析，是一种长期分析，计算一个或多个项目随后连续多个报告期数据与基期比较的定基指数，或者与上一期比较的环比指数，形成一个指数时间序列，以此分析这个报表项目历史长期变动趋势，并作为预测未来长期发展趋势的依据之一。趋势分析法既可用于对会计报表的整体分析，即研究一定时期报表各项目的变动趋势，也可以只是对某些主要财务指标的发展趋势进行分析。巴菲特是长期投资，因此他特别重视公司净资产、盈利、销售收入的长期趋势分析。他每年致股东的信第一页就是一张表，列示从 1965 年以来伯克希尔公司每年每股净资产增长率、标准普尔500 指标年增长率以及二者的差异。

比率分析：最常用也是最重要的财务分析方法

比率分析，就是将两个财务报表数据相除得出相对比率，分析两个项目之间的关联关系。比率分析是最基本、最常用也是最重要的财务分析方法。财务比率一般分为四类：盈利能力比率、营运能力比率、偿债能力比率、增长能力比率。2006 年国务院国资委颁布的国有企业综合绩效评价指标体系也是把财务绩效定量评价指标分成这四类。从巴菲特过去 40 多年致股东的信来看，巴菲特在这四类比率中最关注的是净资产收益率、总资产周转率、资产负债率、销售收入和利润增长率。财务比率分析的最大作用是使不同规模的企业财务数据所传递的财务信息可以按照统一的标准进行横向对照比较。财务比率的常用标准有三种：历史标准、经验标准、行业标准。巴菲特经常会把财务比率和历史水平进行比较。

因素分析：分析最重要的驱动因素

因素替代法又称连环替代法，用来计算几个相互联系的驱动因素对综合财务指标的影响程度的大小。比如，销售收入取决于销量和单价两个因素，企业提价，往往会导致销量下降，我们可以用因素分析来测算价格上升和销量下降对收入的影响程度。2007 年，巴菲特曾这样分析：1972 年他收购喜诗糖果时，年销量为 1 600 万磅。2007 年增长到 3 200 万磅，35 年只增长了 1 倍。年增长率仅为 2%。但销售收入却从 1972 年的 0.3 亿美元增长到 2007 年的 3.83 亿美元，35 年增长了 13 倍。销量增长 1 倍，收入增长 13 倍，最主要的驱动因素就是持续涨价。

综合分析：多项重要指标结合进行综合分析

企业本身是一个综合性的整体，企业的各项财务活动、各张财务报表、各个财务项目、各个财务分析指标都是相互联系的，只单独分析一项或一类财务指标，就会像盲人摸象一样陷入片面理解的误区。因此我们把相互依存、相互作用的多个重要财务指标结合在一起，从企业经营系统的整体角度来进行综合分析，对整个企业做出系统的、全面的评价。目前使用比较广泛的有杜邦财务分析体系、沃尔评分法、帕利普财务分析体系。最重要、最常用的是杜邦财务体系：净资产收益率＝销售净利率×资产周转率×权益乘数，这三个比率分别代表公司的销售盈利能力、营运能力、偿债能力，除此以外，还可以根据其驱动因素进一步细分。

对比分析：和最主要的竞争对手进行对比分析

和那些进行广泛分散投资的机构不同，巴菲特高度集中投资于少数超级明星公司，前 10 大重仓股占组合超过 80%。这些超级明星公司各项重要财务指标都远远超过行业平均水平。在长期稳定发展的行业中，那些伟大的超级明星企业也往往都有一个与其实力相比难分高下的对手。比如软饮料行业中的可口可乐与百事可乐，快餐行业中的麦当劳与肯德基，飞机制造行业中的波音与空客。两个超级明星企业旗鼓相当，几乎垄断了行业的大部分市场，这就形成了典型的双寡头垄断格局。因此把超级明星公司与其竞争对手进行对比分析是最合适的方法。

前景分析：预测未来长期业绩是财务分析最终目标

巴菲特进行财务报表分析的目的不是分析所有公司，而是寻找极少数超级明星。"我们始终在寻找那些业务清晰易懂、业绩持续优异、由能力非凡并且为股东着想的管理层来经营的大公司。这种目标公司并不能充分保证我们投资盈利：我们不仅要在合理的价格上买入，而且我们买入的公司的未来业绩还要与我们的预测相符。但是这种投资方法——寻找超级明星——给我们提供了走向真正成功的唯一机会。"对企业未来发展前景进行财务预测是财务报表分析的最终目标。巴菲特说得非常明确："我关注的是公司未来 20 年甚至 30 年的盈利能力。"

感谢有你

在编写本书的过程中，为了详细了解工商界管理人员对财务报表的关注焦点，抓住第一手资料，我通过多种渠道和方式，对我的领导、同事、朋友、同学进行了广泛的访谈，以期能够最直观地掌握他们最渴望从财务报表中获得哪些信息。他们多供职于房地产业、金融业、工商企业、政府经济管理部门，并在单位担任着重要职务，具有"跳出财务看财务"的先天优势。通过他们关注的视角，基本上可以掌握从事非财务工作管理人员对财务报表的关注要点。我通过整理与他们进行访谈碰撞出的"火花"，把很多实用的信息编写到本书中。应该说，关于本书的编写，他们给了我很多的启发、灵感和帮助，在此深表感谢！他们是：张俊林、寇慧卿、张洪涛、刘世军、韩立国、王忠三、宋维岭、耿荣鹏、刘斌、赵金峰、王敏、徐传琪、张新、刘功业、路明波、崔文涛、钟岭、张建斌、刘爱峰、王鹏华、孟凡城、牟德华、康立博、孙瑞玺、益军、李永辉、王晓明、李永国、韩宝英、生金良、张伟杰、巴树青、生钦红、尹爱华、崔汉刚、王法明、李明林、隋玉芹、常宏建、张兰、张文美、兰永、杨华海、李新民、李曙光、司洪江、杨述才、岳玉成、李凤华、李焱、李宗正、安之东、张强、牛庆良、孙金山等。

　　真诚地感谢中国市场出版社副总编辑胡超平、编辑张瑶、顾斯明等朋友，她们为本书的编排、修订做了大量的工作。

　　感谢全国各地财税界的网友，他们的鼓励与期盼，增强了我对本书内容进行精心编写的信心和力量。

　　特别感谢我的爱人和儿子，他们默默的支持是我坚持写作的动力，我特别享受和他们一起交流写书的乐趣，享受写作和修订的过程。

　　谢谢你们！

张友刚
2015 年 5 月